Kévin Alexandre Kazek

Chasseurs & Gladiateurs

L'épopée des héros de l'arène

HEIMDAL

PRÉFACE

Stéphane Benoist

Professeur des Universités, chaire d'Histoire romaine,
Université de Lille, HALMA, UMR 8164
(CNRS, Univ. Lille, Ministère de la culture)

"*Donner à voir, donner à lire*», tel était le titre d'un recueil d'articles publié par **Mireille Corbier**, soustitré *Mémoire et communication dans la Rome ancienne*[1] qui se proposait, à partir de la documentation épigraphique, d'aborder notamment les systèmes d'affichage et de communication propres à la cité de Rome qui furent diffusés dans tout l'Empire, en particulier durant les trois premiers siècles du principat, d'**Auguste** aux **Sévères**. Telle est bien de même l'ambition du livre de **Kevin Alexandre Kazek** que de donner à lire tout en donnant à voir, au moyen d'un dossier très riche d'illustrations très diverses judicieusement choisies, ce monde tout autant fascinant que déroutant des spectacles à Rome, bien souvent présenté comme consubstantiel à la « civilisation romaine», ce que le terme polysémique latin de *ciuitas* rend parfaitement : la cité, les citoyens qui la composent et lui confèrent son identité collective, et leurs modes d'être au monde; une cité, une citoyenneté, une civilisation.

Au-delà de la célèbre affirmation de **Juvénal** (10.81), commenté le plus souvent trop rapidement et hors contexte, à propos des attentes du peuple romain au tournant des Ier et IIe siècles de notre ère (*panem et circenses*, «du pain et des jeux du cirque»), l'angle d'approche privilégié dans les pages qui suivent est tout sauf anecdotique. Proposer une lecture de la société romaine au travers des jeux de l'amphithéâtre, de ces combattants de l'arène que sont les chasseurs et les gladiateurs, permet d'ausculter des pratiques politiques, sociales et religieuses qui rendent compte d'une «vie quotidienne», des valeurs structurantes de la cité, entre monde des hommes et monde des dieux. Ces spectacles prennent place en des espaces pour lesquels une lecture anthropologique fine permet d'identifier de véritables rapports inversés entre nature et culture, les animaux et combattants des marges se retrouvant au cœur des cités, entourés par la foule plus ou moins ordonnée socialement et se donnant elle-

Évocation d'un
oplomaque (Italie)
(photo *Pax Augusta*.)

même à voir en présence de ses magistrats, prêtres et membres des *ordines*, puis de ses empereurs.

Depuis l'étude rédigée par **Georges Ville**[2], en partie lors de son séjour à l'École française de Rome, en attente de publication durant près de vingt ans après la disparition brutale de son auteur, de nombreux essais ont tenté d'éclairer ou d'identifier ces *«spectacles de la mort»*[3], voire une véritable civilisation de jeux. Une étude rigoureuse des acteurs de ces jeux, de leurs noms, de leurs panoplies, de leurs fonctions et participations diverses aux plaisirs des populations urbaines et impériales venues en masse assister aux sessions du matin, de la mi-journée et de l'après-midi à l'amphithéâtre, fait l'objet de ce livre, des origines plus ou moins obscures des premiers engagements de gladiateurs aux mutations tardo-antiques, en grande partie contraintes par les décisions normatives des empereurs chrétiens, au tournant des IV et V siècles de notre ère. On apprend beaucoup de cette analyse croisant avec rigueur sources écrites et figurées afin de rendre compte des variantes possibles des affrontements dans l'arène des hommes entre eux ou des hommes et des animaux, de leur identification et des diverses représentations qui nous en sont parvenues. Depuis les origines ethniques des premiers combattants de l'époque médio-républicaine jusqu'aux grandes *armaturae* du Haut-Empire, c'est une histoire millénaire qui s'expose dans les pages qui suivent et livre aux lecteurs des clefs de lecture, tant en suscitant de multiples interrogations et débats.

L'auteur, spécialiste reconnu de ce sujet, qui a consacré sa thèse de doctorat à une partie du vaste thème abordé dans cet ouvrage[4], était particulièrement «armé» pour une telle enquête. On lui saura gré de fournir à ses lecteurs matière à réflexion, entre fascination et répulsion pour ces combats de l'arène, leur violence sacrificielle, ce goût du sang versé qui témoigne des façons romaines d'envisager les valeurs du courage, cette *uirtus* des hommes qui fut parfois partagée par des femmes, descendues dans l'arène faire montre de leur bravoure. Hommes et femmes réunies sur les gradins des amphithéâtres partageaient une même passion pour ces *munera* manifestant, par le sang versé, une forme plus ou moins ritualisée du don de soi.

Au-delà d'un simple spectacle d'une mort donnée et mise en scène, de cette supposée cruauté «native» de la civilisation romaine, selon **Roland Auguet**[5], le livre de Kevin Alexandre Kazek permet de nous interroger sur le sens de toute aventure humaine, de cette Rome conquérante par les armes d'un bassin méditerranéen devenu *Imperium Romanum*, qui fut à l'origine de la diffusion de ces jeux de l'amphithéâtre en Orient comme en Occident, en un cadre, *monumentum* spécifiquement romain, tout autant que d'une *ciuitas Romana* réussissant à faire de tous les hommes libres de l'Empire des citoyens ro-

Combat entre deux *provocatores* tardo-républicains, bas-relief, Rome (Italie), I siècle av. J.-c. (photo *Wikimedia Commons*.)

mains, à partir de 212. Cette société, tout en contrastes, s'est forgée une *memoria* collective reposant tout à la fois sur les valeurs stoïciennes du courage, de la justice, de la clémence et de la piété, et sur des pratiques violentes par lesquelles le sang versé féconde la terre, réjouit les dieux et les hommes. C'est ainsi que des empereurs vertueux et philosophes voisinent avec gladiateurs sanguinaires, qu'il s'agisse d'un père et de son fils, **Marc Aurèle** et **Commode**, deux images contradictoires d'une même discours de célébration et de réprobation, de ces conduites « exemplaires », d'humanité et de cruauté. La chasse, réputée sport noble et impérial, perdure dans l'imagerie médiévale et moderne tandis que la gladiature sombre dans l'oubli réprobateur de la chrétienté.

Il reste à tout un chacun de mesurer les enjeux d'une telle pratique sociale, politique et religieuse, en parcourant en compagnie de Kevin Alexandre Kazek cette histoire romaine au long cours en un livre d'images, de bruits et de fureurs et, pour le dire comme Marguerite Yourcenar, qui dégage une *«effroyable odeur d'humanité »*[6]. ▪

[1] Paris, CNRS Éditions, 2006.

[2] *La Gladiature en Occident, des origines à la mort de Domitien*, Rome, École française de Rome, 1981.

[3] Donald G. Kyle, *Spectacles of Death in Ancient Rome*, Londres, Routledge, 1998.

[4] *Gladiateurs et chasseurs en Gaule : au temps de l'arène triomphante (I-II siècle ap. J.-c)]*, Rennes, 2012.

[5] *Cruauté et civilisation : les jeux romains*, Paris, Flammarion, 1970.

[6] *Essais et mémoires*, Bibliothèque de la Pléiade, Paris, Gallimard, 1991, p.12.

INTRODUCTION

L'arène, du latin *arena*, le sable, est le lieu emblématique où se déroule la grande majorité des spectacles romains. Le choix du sable, pour recouvrir la surface du cirque, du *forum*, puis de l'amphithéâtre n'est pas anodin et peut s'expliquer de trois façons : rendre plus compliqué l'affrontement des hommes et des bêtes par le simple fait de sa consistance, recouvrir le dallage de la place publique afin de limiter le choc des corps sur le sol mais, surtout, jouer le rôle d'éponge en absorbant le sang des victimes.

À ce titre, la symbolique du sang[1], dans les exhibitions violentes de la Rome antique, ne doit pas être sous-estimée. C'est le principe vital qui circule dans l'organisme et que l'on traduit par le mot *sanguis* lorsqu'il coule dans les veines du combattant. Par contre, mélangé à la poussière du sable suite à une blessure, il renvoie à l'idée de souillure et devient le sang mort, celui qui est défini par le terme *cruor* qui a donné, dans la langue française, les mots cru, cruauté et cruel.

Le cirque et l'amphithéâtre sont deux constructions qui résument parfaitement cette idée de cruauté omniprésente à Rome. Leurs dimensions colossales, l'importance de leurs gradins, l'étendue de leur arène et leur longévité ont inspiré des générations d'historiens et d'artistes qui ont vu en

Casque de **gladiateur thrace**, fin du Iᵉʳ siècle. J.-C. (photo Damien Bouet, Musée du Louvre, Paris.)

Vue de l'**amphithéâtre** d'Arles. (photo Damien Bouet.)

eux les emblèmes d'une civilisation dans tout ce qu'elle comporte de plus extravagant, voire, de plus décadent ! Aujourd'hui encore, arpentant les rues de la Cité millénaire, les visiteurs restent ébahis par la surface démesurée de ces édifices.

Le *Circus Maximus*, littéralement « le plus grand cirque », est un gigantesque espace créé vers 600 av. J.-C. sous le règne de **Tarquin l'Ancien**. Aménagé plus tard par son petit-fils **Tarquin le Superbe**, il peut accueillir une foule considérable. Dès les origines, il reçoit les premiers jeux sacrés (*Consualia*) et les jeux romains (*Ludi Romani*) donnés en l'honneur de Jupiter. Ici, ce sont principalement des courses de chars qui occupent la piste, bien que des manifestations plus sanglantes, opposant des hommes et des bêtes, puissent s'y dérouler.

Après les travaux de rénovation effectués à l'époque du Haut-Empire, l'arène de cet édifice mesure 568 m de long pour une largeur comprise entre 75 et 85 m. Au temps de sa splendeur, 200 000 à 250 000 spectateurs pouvaient être réunis sur les gradins de cet hippodrome pour admirer les prouesses des auriges et des *agitatores* dirigeant leurs biges, leurs triges ou leurs quadriges au péril de leur vie.

[1] Dan 2011, pp.5-32.
[2] *Satire*, X, 81.
[3] L'historien **Paul Veyne** a choisi ses mots pour le titre d'un livre de référence *Le Pain et le Cirque. Sociologie historique d'un pluralisme politique*, Paris, 1976) dans lequel il dissèque la question des idéologies et du politique dans le cadre de l'Empire. Monique Clavel-Lévêque quant à elle, dans un ouvrage intitulé *L'Empire en jeux, espace symbolique et pratique sociale dans le monde romain* paru en 1984, a mis en exergue les rouages du contrôle social et politique au sein de la société romaine en insistant sur l'importance de la communication. D'une certaine manière, l'édifice de spectacle lui-même par son caractère imposant participe de cette communication. Il devient l'incarnation du pouvoir et de la maîtrise des masses populaires.

Ces *ludi circenses* (jeux du cirque) ont fait dire à **Juvénal** [2], poète de la fin du Iᵉʳ siècle et du début du IIᵉ siècle de notre ère : «*Ces Romains si jaloux, si fiers [...] qui jadis commandaient aux rois et aux nations [...]et régnaient du Capitole aux deux bouts de la terre, esclaves maintenant de plaisirs corrupteurs, que leur faut-il ? Du pain et les jeux du cirque.*»

Attelage à trois chevaux écrasant un homme, Bronze, Palestrina (Italie), 350-300 av. J.-C. (photo Damien Bouet, British Museum, Londres.)

Des mots sans ambages qui témoignent avec force de la dépravation des mœurs romaines au temps des Césars. Deux mots riches de sens – *panem* et *circenses*[3] – qui traduisent l'avilissement d'une société et, surtout, de la plèbe de Rome qui passe le plus clair de son temps au cirque dans l'espoir d'assouvir ses plaisirs. Est-ce reconnaître que l'amphithéâtre et son public ont les faveurs de l'auteur latin ? Assurément non, même si tout l'intérêt du choix du cirque pour critiquer les agissements du peuple de Rome montre, qu'au temps de Juvénal, l'amphithéâtre n'a pas encore totalement supplanté l'hippodrome comme *« machine à spectacles »* dans l'inconscient collectif.

En effet, le Colisée de Rome est un monument très récent lorsque l'auteur des *Satires* commence la rédaction de son livre. Ce bâtiment, érigé sous les Flaviens, a été inauguré en 80 ap. J.-C. par l'empereur **Titus** à l'endroit où s'élevait une statue colossale de **Néron**. Il se hisse à près de 50 m de haut, tandis que son grand axe avoisine les 190 m de longueur pour un petit axe mesurant 156 m de large. Avec une capacité de plus de 50 000 places, c'est le plus grand amphithéâtre elliptique jamais réalisé dans l'Empire. Bien que l'existence de plusieurs édifices semblables soit avérée avant sa construction, il incarne à lui seul toute la démesure de la gladiature, des mises à mort, parfois scénarisées, voulues par le pouvoir et des chasses grandioses au cours desquelles se mêlent des animaux exotiques, des chasseurs à l'épieu, des bestiaires lourdement équipés et d'habiles pégniaires trépignant d'impatience à l'idée de pouvoir manier le fouet et le bâton.

En quelques décennies, ce géant de pierre va devenir l'incarnation parfaite de la puissance romaine. Présentée comme la plus belle merveille du monde par **Martial**[4], le Colisée s'impose comme une sorte de microcosme de l'*Orbis Romanum*, un monde en réduction dans lequel s'affirme pleinement la notion d'*Imperium*.

Bestiaire attaqué par une lionne sur la plaque Campana, terre cuite, Italie, début du Ier siècle ap. J.-C. (photo Damien Bouet, British Museum, Londres.)

Ce pouvoir civil et militaire né d'un impérialisme romain insidieux ou, selon certains théoriciens, d'une volonté hégémonique savamment orchestrée, se développe entre la fin du IIIe siècle av. J.-C. et le début du IIe siècle av. J.-C., peu de temps après la naissance des premiers spectacles de gladiateurs. Ces *munera*, qui découlent d'une pratique funèbre du duel, traduisent, par essence, l'appétence des sociétés antiques pour la guerre, le combat singulier et les valeurs belliqueuses porteuses de *virtus*[5].

Avec la chasse, issue d'une tradition immémoriale de la lutte, les affrontements de gladiateurs traduisent les penchants bellicistes des civilisations de l'Antiquité. Dès leur création, ils rythment le quotidien des populations et apparaissent comme l'incarnation parfaite d'un état d'esprit, d'une violence légale et d'un *modus vivendi* entre amour inconditionnel et faible rejet de la « chose martiale ».

À Rome, le temple de Janus situé au pied de l'Argilète près du *forum romanum* illustre parfaitement cette dualité. Lorsqu'il garde ses portes fermées, cela signifie que la paix a triomphé. Pourtant, de **Numa Pompilius** aux derniers temps de l'Empire, soit sur une période de près de 1200 ans, celles-ci n'ont été closes que huit fois.

Pour cette raison, ne faut-il pas envisager l'identité romaine comme profondément marquée par un sentiment de guerre omniprésent ? La *Pax romana*, abondamment louée par les historiens de l'époque moderne comme l'apogée de l'Empire, apparaît dès lors comme une invention, une paix en demi-teinte. Cette notion galvaudée et mal comprise mérite d'être fortement nuancée à la lumière du fait militaire[6] et, surtout, du fait gladiatorien. Comme les autres spectacles de l'arène, la gladiature doit être reconsidérée et replacée dans un contexte sociétal et politique extrêmement âpre et fragile. ∎

Temple de Janus, revers sesterce, Italie, 54-68 ap. J.-C. (photo *Classical Numismatic Group*, Londres.)

[4] *Des Spectacles*, I.
[5] La *virtus* est une des principales vertus romaines englobant des notions de vaillance, de virilité, d'excellence, de courage et de caractère.
[6] Bien qu'on le pense, la paix romaine n'a pas été exempte de conflits. Ce concept, créé par les historiens de l'époque moderne, s'étend, selon les auteurs, de 27 av. J.-C. à 180 ap. J.-C. (mort de **Marc-Aurèle**) ou à 235 ap. J.-C., date qui correspond à la fin de la dynastie des Sévères. Pourtant, au cours de cette période, Rome lutte à de nombreuses reprises contre ses ennemis extérieurs sur le Rhin, le Danube et l'Euphrate comme contre ses opposants intérieurs en matant les soulèvements populaires, dont le plus célèbre reste celui des juifs qui s'est terminé par la destruction du Temple de Jérusalem en 70 ap. J.-C. Par ailleurs, des guerres civiles éclatent fréquemment à la suite de la mort de certains empereurs. C'est le cas en 68 ap. J.-C. au décès de **Néron** et en 193 lorsque **Commode** succombe d'asphyxie sous les mains de **Narcisse**. Enfin, la paix sociale est régulièrement ébranlée par des émeutes.

Vue du **Colisée de Rome** (Italie). (photo Damien Bouet.)

DES JALONS FONDATEURS

La genèse des exploits cynégétiques et des combats de gladiateurs

Scène de chasse aux lions, provenant d'une dague découverte dans la tombe A, Mycène (Grèce), fin du XVIe siècle av. J.-C. (photo Georges Bernage, Musée National d'Athènes.)

L es chasseurs préhistoriques sont à l'origine de l'invention des équipements qui ont permis de meurtrir des bêtes de forte taille. Qu'il s'agisse des javelots ou des épieux (*venabula*) utilisés par les combattants réunis dans le cirque puis dans l'amphithéâtre à l'époque romaine, toutes ces armes sont extrêmement anciennes et ont peu évolué au fil du temps.

À Schöningen, en Allemagne, des javelots en bois vieux de 300 à 400 000 ans ont récemment été découverts. À Clacton-on-Sea en Angleterre, c'est un épieu en if de 150 000 ans qui a été mis au jour dans un site recelant aussi les restes de bovidés, de cervidés et de rhinocéros.

Avant même que des conflits n'opposent des tribus primitives entre elles, les premiers hommes ont lutté massivement contre des animaux dangereux dans le but de se procurer leur subsistance. Cette évolution, qui fait passer ces individus

[7] Il lutte très souvent à mains nues contre diverses créatures.
[8] *Théogonie*

Ave Caesar Morituri te Salutant, Jean-Léon Gérôme (1859). (photo Yale University Art Gallery.)

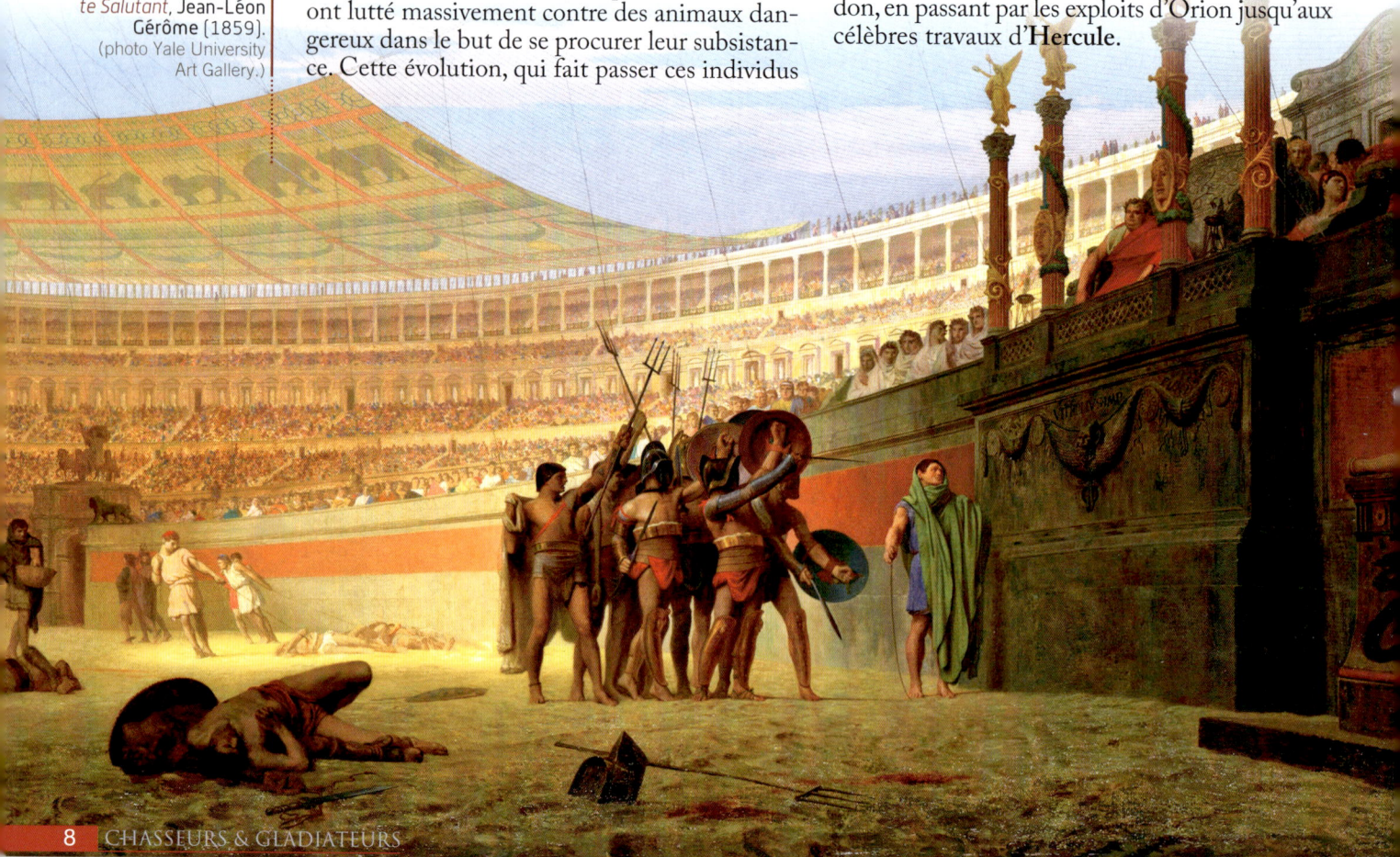

de charognards (traces du gisement du Vallonet près de Nice) à des chasseurs professionnels, va de pair avec la montée du psychisme et cette capacité à cerner l'attitude qu'il convient d'avoir face à la nature sauvage, au danger et, dans une certaine mesure, à la mort.

Originellement, si la chasse répond à un besoin vital, elle devient très vite un exercice de courage et une école d'apprentissage pour tous les jeunes garçons en âge de combattre. Cette activité journalière, qui fait appel à des aptitudes physiques et intellectuelles importantes, devient un bon moyen de prouver sa bravoure au sein de la communauté. Ici, des valeurs viriles comme la force, la vaillance et l'endurance sont exaltées. Elles sont à l'origine de cette tradition cynégétique qui perdure jusqu'à nos jours en Amazonie, notamment chez le peuple des Awas et des Matsés.

Cette chasse antédiluvienne, qui a inspiré l'art pariétal, est commune à toutes les civilisations antiques. Mais ce sont sûrement les Grecs puis les Romains, qui ont su, à travers leurs récits mythologiques, glorifier le mieux cette pratique ancestrale depuis la chasse au sanglier de Calydon, en passant par les exploits d'Orion jusqu'aux célèbres travaux d'**Hercule**.

Hercule, le patron des chasseurs

Hercule aux douze travaux est le parangon du chasseur téméraire et victorieux. Son épopée, qui regroupe d'innombrables aventures, exalte la maîtrise de l'homme sur la nature monstrueuse. Dans l'arène, il devient le maître incontesté et celui auquel tous rêvent de ressembler.

Habituellement, nous avons tendance à limiter la technicité d'Hercule à sa force brute[7] et au simple maniement de la massue. Cet attribut emblématique figure, en effet, en bonne place dans l'iconographie herculéenne. À l'origine, ce sont les vases grecs qui accordent une large audience au héros à travers la représentation de ses exploits. Puis, la mosaïque romaine reprend certains épisodes héroïques sans omettre toutefois d'y figurer la massue. Très souvent, l'alliance de cette arme contondante avec la musculature puissante d'Hercule confère au personnage un caractère primitif basique, renforcé d'ailleurs par l'usage de la peau de lion, dont il se sert come d'une cuirasse. Pourtant, cette image biaisée n'est pas du tout révélatrice des nombreuses aptitudes du héros.

Dès le VIIIe siècle av. J.-C., **Hésiode**[8] renseigne sur la grande diversité d'armes utilisée par Hercule. S'il a lui-même taillé sa massue dans un tronc d'olivier, les dieux lui fournissent le reste de sa panoplie : **Hermès** son glaive, **Apollon** son arc et ses flèches, **Héphaïstos** son armure, ses jambières et son bouclier, **Athéna** son *péplos*.

Hercule tuant le centaure Eurytion, huile sur toile attribuée à **Pietro della Vecchia**, XVIIe siècle. (photo Laurianne Kieffer, Musée de La Cour d'Or, Metz Métropole.)

Représentation de l'arc et de la **massue** d'**Hercule**, monnaie de bronze, **Alexandre le Grand**, IVe siècle av. J.-C. (photo *Rectororbis*.)

Hercule à la massue, bas-relief, Arlon (Belgique), IIe-IIIe siècle ap. J.-C. (photo Laurianne Kieffer, Musée de La Cour d'Or, Metz Métropole.)

Hercule tuant le sanglier de l'Érymanthe, mosaïque, villa des Mingauds (Drôme, France), IIe ap. J.-C. (photo Musée d'art et d'archéologie de Valence.)

Hercule bestiaire,
Ier-IIe siècle ap. J.-C.,
dessin d'un fragment
de céramique sigillée
de l'atelier de La
Graufesenque (France).
(DAO Bernard Paiche,
Damien Bouet.)

Hercule tuant les oiseaux anthropophages du
lac Stymphale, détail d'une lampe à huile, IIIe siècle
ap. J.-C. (photo Carole Raddato, Staatliche Antiken-
sammlungen, Munich.)

Hercule vainqueur du Lion de Némée,
fragment de monument funéraire, Cologne
(Allemagne), IIIe siècle ap. J.-C. (photo Damien
Bouet, Römisch-Germanisches Museum, Cologne.)

Ajoutons à cet équipement très complet la liste des espèces qu'il terrasse au cours de son épopée comme le lion de **Némée**, la biche de Cérynie, le sanglier de l'Érymanthe, les oiseaux du lac Stymphale, le taureau de Crète, les juments de Diomède, les bœufs de Géryon, etc., et l'on tient là une grande partie de la ménagerie qui se retrouve au cirque puis à l'amphithéâtre.

Qu'il s'agisse des bestiaires luttant avec une hache, un glaive et un bouclier ou de veneurs équipés d'un arc, c'est la presque totalité de la panoplie des chasseurs de l'arène qu'Hercule sait parfaitement maîtriser. Ainsi, il se place naturellement comme le véritable inspirateur de la tradition cynégétique à Rome telle qu'elle est recréée au sein du *Circus Maximus* depuis le milieu du IIIe siècle av. J.-C.

Un vase en céramique sigillée décoré par le potier *Crucuro* montre le héros en lutte contre l'**Hydre de Lerne** et d'autres espèces rencontrées lors de ses pérégrinations. Son iconographie est tout à fait éclairante, puisqu'elle permet de mieux comprendre cette forme d'atavisme entre Hercule et les chasseurs de l'arène. Albert Grenier[9] a bien insisté sur le caractère étrange de cette mise en scène en soulignant que cet Hercule coiffé d'un casque à nasal et d'un bouclier rond qui combat une faune connue ainsi qu'un être horrifique « *[…] est devenu un gladiateur, un gladiateur opposé non pas à d'autres gladiateurs, mais à des monstres […]* ».

Nous pensons plutôt que cet Hercule est devenu un bestiaire et que son action s'inscrit dans un périple civilisateur servant à préserver l'équilibre de l'univers. En éradiquant les créatures maléfiques de la surface du globe, le héros contribue à diffuser une image exemplaire du chasseur téméraire dont les actes guidés par la raison doivent servir la civilisation.

Hercule portant le sanglier de l'Érymanthe, céramique,
Ier siècle ap. J.-C. (photo Metropolitan Museum of Art, New-York.)

Lutte opposant Étéocle et Polynice, urne en terre cuite, Chiusi (Italie), IIIe siècle av. J.-C. (photo Damien Bouet, British Museum, Londres.)

[9] Grenier 1940, p.636-644
[10] Étéocle est le fils aîné d'Œdipe et de Jocaste. Après la mort de son père, il propose à son frère Polynice de régner alternativement chacun son année. Dans ce but, et pour éviter toute velléité de conflits, celui qui ne serait pas sur le trône devait s'absenter de Thèbes. Étéocle, à l'origine de cette proposition, règne le premier, mais, une fois l'année révolue, il refuse de céder sa place à son frère. Polynice, qui se sent dépossédé de son droit, part auprès des Argiens pour lever une armée.

La mythologie grecque à l'origine d'une proto-gladiature ?

En plus de l'équipement des différents protagonistes de la chasse et du type d'adversaire auxquels ils sont confrontés, ce qui différencie fondamentalement cette activité de la gladiature – et donc le chasseur du gladiateur – c'est le processus de création de l'une et l'autre de ces disciplines.

Comme nous l'avons souligné en évoquant ses origines très lointaines, la cynégétique résulte d'un changement d'attitude psychologique de l'homme face à son environnement naturel. L'homme a choisi de chasser pour se nourrir autrement. Progressivement, il a transformé cette activité alimentaire et quotidienne en un sport de subsistance, un plaisir. L'affrontement entre deux personnes est lié, quant à lui, à d'autres raisons. Le combat singulier peut être perçu comme l'idéal d'une élite, d'un groupe structuré mais il résulte, le plus souvent, d'un grief, d'un besoin d'affirmer voire de réaffirmer la domination d'un individu sur autrui sans que cela implique forcément une dimension religieuse. Qu'il s'agisse d'un désaccord pour une terre, d'un manque de respect, d'une jalousie ou de toute autre chose, ce duel n'a pas, à proprement parler, de caractère rituel. À l'inverse, les fondements de la gladiature répondent à des considérations d'ordre funèbre.

Selon cette approche, il est possible de trouver un pendant homérique aux premiers combats de proto-gladiateurs tels qu'ils apparaissent sur les tombeaux de Paestum (380 et 320 av. J.-C.) que nous présenterons ultérieurement. En effet, au chant XXIII de l'*Illiade*, **Homère** évoque l'opposition entre **Ajax** et **Diomède** à l'occasion des funérailles de **Patrocle**.

Lors de cette célébration, deux hommes en arme s'opposent de leur plein gré pour honorer la mémoire d'un des leurs dans le cadre d'une série de jeux donnés par **Achille**. Il n'y a pas l'envie d'en découdre suite à une haine ou à une injustice, comme dans l'affrontement entre **Achille** et **Hector** au sujet de cette même disparition ou comme on peut le découvrir lors de la crise fratricide qui déchire **Étéocle** et **Polynice**[10] pour des raisons politiques. Ici, le duel est organisé dans un cadre légal et s'inscrit dans une logique commémorative.

Or, même si cet appariement se place dans un contexte funèbre, il semble délicat d'y voir le fait de véritables proto-gladiateurs. En effet, initialement, c'est bien l'aspect compétitif et sportif qui est au centre de l'organisation de ces manifestations diverses qui réunissent plusieurs épreuves à caractère olympique.

De même, les armes privilégiées par Ajax et Diomède se résument à une lance et à un bouclier, c'est-à-dire à un équipement de type hoplitique qui fait la part belle aux hasts munies d'une hampe plus ou moins longue. On peut se demander alors si, pour parler de proto-gladiature, il ne faut pas que les combattants soient munis de *gladii* sachant que le terme *gladiateur* dérive du latin *gladius*, le glaive.

Nous verrons que l'usage de cette arme n'est pas universel. Il existe, en effet, de nombreux combattants qualifiés de gladiateurs qui n'utilisent jamais le glaive. C'est le cas de l'*essedarius*, de l'*oplomachus*, du *sagitarius*, du *veles*, du *laquearius* et du *retiarius*.

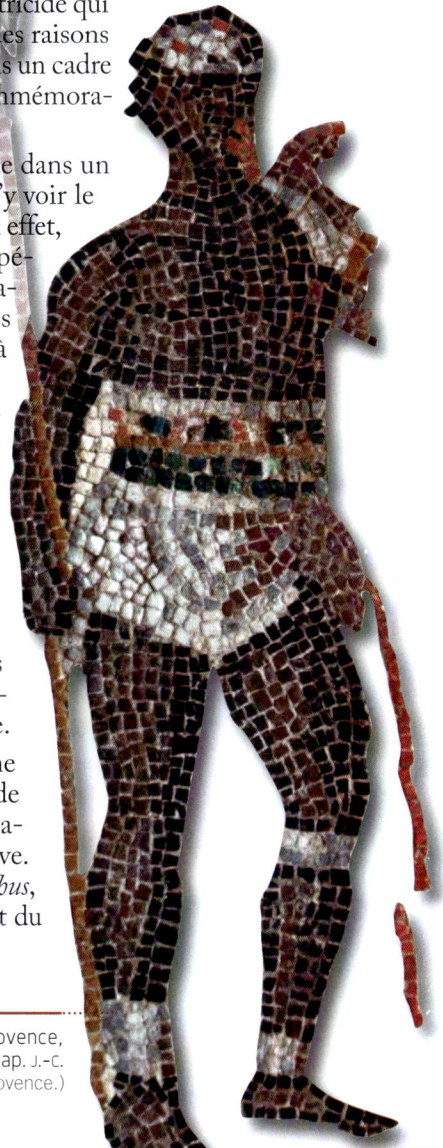

Le **rétiaire Béryllus**, mosaïque, Aix-en-Provence, fin du Ier ou IIe siècle ap. J.-C. (photo Musée Granet, Aix-en-Provence.)

Évocation d'un guerrier étrusque.
Il porte une panoplie largement
calquée sur celle des hoplites grecs.
Il est coiffé d'un pylos, doté de
paragnathides, et porte une cuirasse
anatomique. (photo Ana Belén Rubio,
Athenea Promakhos.)

Deux guerriers utilisant des armes d'hast figurés
sur les peintures murales de la nécropole d'Andriolo
(photo Carole Raddato, Parc archéologique de Paestum.)

La piste d'anciennes peintures murales italiques

Comme nous l'avons montré avec l'exemple grec, la question des origines de la gladiature apparaît comme une pierre d'achoppement. Dans *La gladiature en Occident, des origines à la mort de Domitien,* l'historien Georges Ville[11] fut l'un des premiers à s'interroger sur la genèse de ce phénomène et ses possibles ancrages au sein d'une tradition étrusque de l'affrontement. Il relayait en cela les témoignages d'**Athénée** de **Naucratis** et de **Tertullien,** qu'aucune preuve archéologique n'avait pourtant étayé.

Nous savons aujourd'hui que la civilisation romaine s'est constituée à partir de nombreux apports étrusques. Dès l'âge du Bronze, ce peuple, qui vécut au centre de la péninsule italienne, a exercé une profonde influence – à la fois militaire, culturelle et artistique – sur ses voisins italiques. Qu'il soit question de l'équipement des soldats[12] ou de l'organisation des corps d'armée[13] tout, ou presque, semble avoir été transmis par les Étrusques – au contact des Grecs – à plusieurs peuplades d'Italie. Pour cette raison, une forme de simplicité historique poussait à voir les Étrusques comme les grands inventeurs de la gladiature.

L'historien Jean-Paul Thuillier[14], dans un article paru il y a presque trente ans, a réfuté cette hypothèse en se fondant sur l'analyse de fresques retrouvées dans les tombes de Tarquinia et de Chiusi. Il a démontré que les exhibitions représentées ne montraient jamais « *une seule scène de gladiature véritable opposant deux hommes armés* » en précisant que le Jeu de Phersu, figuré sur la paroi droite de la tombe des Augures (540-530 av. J.-C.), n'avait aucun lien avec les combats de gladiateurs.

Cette peinture montre un homme armé d'une massue, la tête recouverte par un sac, qui se heurte à un chien maintenu en laisse par **Phersu**. Force est de reconnaître que cette image se rapproche davantage d'un thème mythologique mettant en scène Hercule que d'une scène de gladiature. Pour cette raison, cette réalisation de tradition étrusque pourrait évoquer plutôt la chasse originelle menée par le héros.

En revanche, des peintures murales découvertes à Paestum[15] au XIXᵉ siècle, offrent probablement la première manifestation d'affrontements gladiatoriens. Outre leur aspect symbolique (présence d'un sphinx au rôle ambigu près des hommes aux javelots), ces fresques datées de 380-320 av. J.-C. permettent de découvrir des combattants qui s'opposent par paires lors des funérailles de notables locaux comme semblent le corroborer la présence de pleureuses. Bien que le caractère mythologique de ces scènes ne doive pas être complètement éludé, ces combats offrent d'importantes similitudes avec la gladiature religieuse pratiquée par les *bustuarii* devant le bûcher funéraire d'une personne renommée.

Duel entre deux personnages, armés de lances et protégés par des boucliers et des cnémides, peinture murale, milieu du IVᵉ siècle av. J.-C., nécropole de Laghetto. (photo Carlo Raso, Parc archéologique de Paestum.)

Aulos en os, daté du Vᵉ siècle av. J.-C. À l'origine, ces instruments à vents devaient comporter quatre trous sur la partie basse et un sur la partie haute. (photo Damien Bouet, Nationalmuseet, Copenhague.)

Le joueur de flûte renvoie à l'image « classique » de la gladiature du temps des Césars qui accorde une grande place à la musique. En effet, dans ces spectacles, le rôle des musiciens était d'appuyer, par un son, certaines attaques afin de mettre en exergue la vigueur des gladiateurs. Ces accompagnements musicaux servaient aussi à combler les périodes de temps morts entre deux engagements.

Combat entre deux proto-gladiateurs osco-samnites, arbitré par un sphynx, peinture murale, [tombe féminine n°58] (paroi nord), vers 340 av. J.-C., nécropole d'Andriolo. (photo Carole Raddato, Parc archéologique de Paestum.)

[11] Ville 1981, p.1-8.
[12] Casque à crête, casque à *apex*, casque à paragnathides, bouclier rond de type *clipeus*, *cardiophylax* de protection de la poitrine puis linothorax, etc.
[13] La formation en phalange notamment.
[14] Thuillier 1990, p.137-146.
[15] Italie méridionale, Campanie/Lucanie, nécropoles d'Andriolo et de Laghetto.

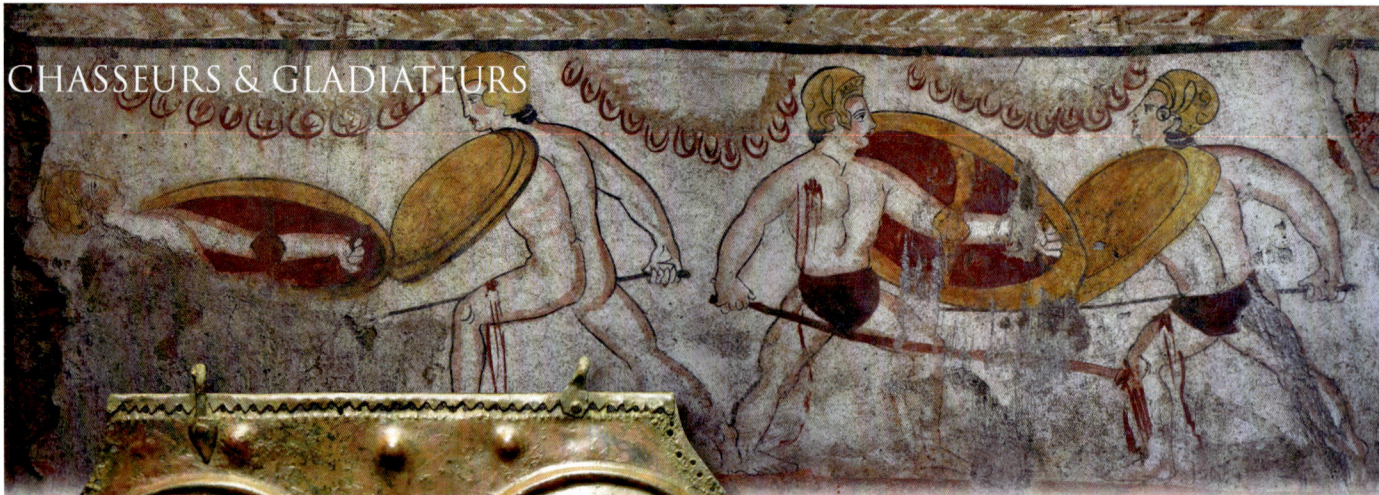

Combat entre deux **proto-gladiateurs** à la panoplie indé-terminée, peinture murale [tombe féminine n°10], milieu du IVe siècle av. J.-C., nécropole de Laghetto (photo Carole Rad-dato, Parc archéologique de Paestum.)

Le plus souvent l'équipement des différents pro-tagonistes de ces scènes correspond peu ou prou à l'armement des osco-samnites et s'éloigne, ex-cepté pour la présence du grand bouclier rond, de la tradition panoplitique grecque. Cela se con-firme au niveau du casque à cimier qui laisse le visage des combattants de la nécropole d'Andrio-lo complètement découvert, alors que le casque des hoplites grecs est enveloppant et couvre la tota-lité du visage[16]. Cette différence se manifeste éga-lement par l'usage des javelots. À l'instar de la tech-nique de combat employée par le *veles* à l'âge de la gladiature classique, le proto-gladiateur de gauche peint sur ce tombeau bénéficie de plusieurs armes de jet qu'il peut lancer en direction de son adversaire. Chez les Grecs, la *doru*, la lance, sert au corps à corps et ne doit pas être projetée.

Evocation d'une **hoplomachie**.
Deux hoplites s'affrontent à la lance face à une arbitre.
(photo Thalie Moliner, *Somatophylaques.*)

Cuirasse samnite
à trois disques, bronze, sud de l'Italie, IVe-IIIe siècle av. J.-C. (photo Damien Bouet, Musée d'Art Classique, Mougins.)

Pointe de lance, bronze, Ve siècle av. J.-C. (photo Damien Bouet, British Museum, Londres.)

C'est ce que semble corroborer la tombe de la nécropole de Laghetto qui dévoile quatre combattants. Ici, ce sont bien des lances et non plus des javelots qui sont utilisées. À l'inverse des deux guerriers [de la tombe n°58], la technique privilégiée par ces hommes est celle du contact des armes comme le font les Grecs à la *doru*. Ils sont au corps à corps, semblent tous blessés et ne ménagent pas leurs coups. Leurs boucliers sont grands et bombés et évoquent l'*aspis* ou l'*hoplon* des hoplites, tandis que leurs casques sans cimier flanqués de petites paragnathides (protèges-joues) laissent leur visage à découvert.

L'analyse de ces deux représentations permet d'affirmer que nous sommes bien face à une proto-gladiature de type osco-lucanienne qui met en scène des proto-gladiateurs aux panoplies différentes. Les uns [tombe n°58] semblent équipés à la manière osco-samnites, tandis que les autres [tombe n°10] emprunte à la fois aux Grecs (bouclier, technique ?) et aux peuples italiques, originaires pour certains d'Italie du Nord. Par le choix de l'armement qui emprunte à diverses traditions ethniques, il y a bien une volonté de distinguer des catégories de proto-gladiateurs.

De plus, la nudité de la première paire de combattants [tombe n°10] ne manque pas de rappeler le guerrier celte de la plaine du Pô bien ancré sur le territoire de la péninsule italienne à cette époque, comme l'illustre l'iconographie d'un *stamnos* daté du IVe siècle av. J.-C. découvert en Étrurie du sud. Ce vase, conservé à Bonn, permet d'observer la lutte entre des guerriers celtes complètement nus et des combattants italiques qui s'apparentent à des Étrusques.

Avec ces peintures de Paestum, nous serions en présence d'au moins deux *armaturae* maîtrisant des techniques de combat distinctes. D'un point de vue symbolique, les plaies sur le corps des individus témoignent d'un combat rituel au cours duquel le premier sang doit être versé afin de fertiliser le sol sous lequel est enseveli le défunt. Cette tradition du combat donné en cadeau lors des funérailles – et le rôle du liquide qui s'écoule dans la terre – doivent être compris comme un « don » de soi fait au défunt, une offrande.

Ce don que l'on traduit par le mot latin *munus*, a fini par désigner le combat de gladiateurs lui-même. On parlera plus tard des *munera* offerts par tel ou tel évergète à ses concitoyens.

Affrontement entre **guerriers italiques et celtes**, terre cuite, Étrurie (Italie), vers 400-350 av. J.-C. (DAO Damien Bouet.)

[16] Ce dont témoigne par exemple l'équipement du roi de Sparte Léonidas Ier (540-480 av. J.-C.).

Garnitures d'un *hoplon* grec. Sur le méplat, une frise réalisée au repoussé se déroule. Au centre, un lion mordant une lance. (photo Musée d'Art Classique de Mougins [MACM] 2017.)

Plan du *Forum Romanum* (Italie)
(DAO Damien Bouet
d'après J.-C. Golvin.)

Casque
samno-attique
en bronze, Italie,
IVe siècle av. J.-c.
(photo Damien Bouet,
Musée d'Art Classique,
Mougins.)

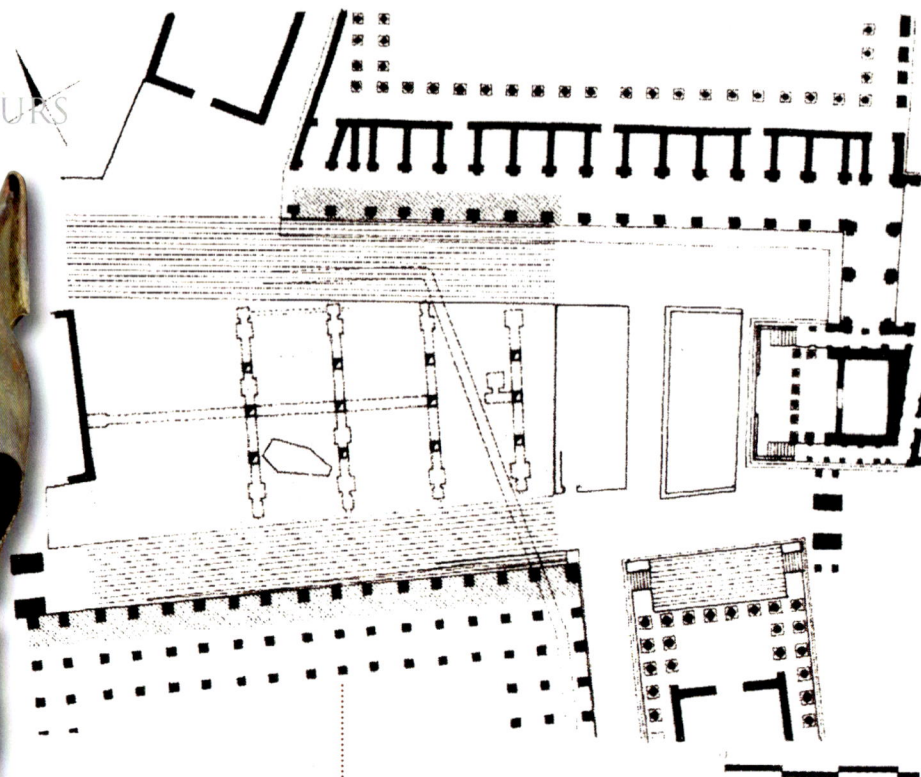

Le premier *munus* romain : point de départ d'une gladiature historique

Qu'il s'agisse du combat entre **Ajax** et **Diomède** ou des apparitions figurées sur la peinture italique, le caractère mythologique de ces affrontements reste omniprésent. Il l'est naturellement pour les faits relatés par l'aède **Homère** dans l'*Iliade*, alors que les représentations de Paestum le sous-entendent par la présence du sphinx qui semble arbitrer le combat et décider du sort des mortels tel un juge infernal.

À Rome, la première mention d'une gladiature historique est relatée par **Valère Maxime** dans un long texte intitulé *Faits et dits mémorables*[17] : "*Le premier spectacle de gladiateur fut offert aux Romains sur la place aux Bœufs, sous le consulat d'Appius Claudius et de M. Fulvius. Il fut donné par les fils de Brutus pour honorer les funérailles de leur père*" (An 489 de Rome correspondant à la date de 264 av. J.-C.).

À cette occasion, les spectacles s'organisèrent sur le *Forum Boarium*, c'est-à-dire la place du marché de la ville où l'on venait habituellement vendre des bêtes et faire du commerce. Cet endroit sans prestige, où se massait le public, était situé tout près du *Circus Maximus*. Nous pouvons facilement imaginer à quel point ce forum pouvait sembler insignifiant face à la démesure du Grand cirque qui réunissait des milliers de spectateurs.

Graffiti présentant un possible **amphithéâtre en bois** dans le *Campus Martius*, Rome (Italie), Ier siècle av. J.-C. (DAO Damien Bouet, d'après S. Mattesini.)

Pendant très longtemps, les combats de gladiateurs se déroulèrent sur cette place qui était à la fois un lieu de rassemblement du peuple, un espace d'échanges et un tribunal. Par la suite, et jusqu'à la fin de la République, les *munera* furent donnés sur le *Forum Romanum*, un terrain quadrangulaire délimité par des palissades dont l'allongement relativement important préfigurait la physionomie des amphithéâtres.

À cet endroit, des fouilles ont révélé des aménagements originaux que l'on retrouvera plus tard dans de nombreux édifices elliptiques. Il s'agit de monte-charges et de trappes qui permettaient aux combattants d'apparaître soudainement sous les yeux du public. Ces premières innovations annoncent la machinerie complexe de certains amphithéâtres. Des gradins en bois, disposés tout autour de la structure, furent aussi mis au jour.

Cette installation datée de 338 av. J.-C. est due au censeur **Caius Maenius** qui fit réaliser des « balcons de bois » pour permettre au public d'observer les jeux dans de meilleures conditions. Sous sa magistrature, les divertissements se limitaient à des montres d'animaux, des amusements grotesques et des affrontements entre des pseudo-gladiateurs préfigurant le *munus*. Le nom de *maeniana* est resté pour désigner, dans la *cavea* – la partie annulaire et concave de l'amphithéâtre –, une rangée de gradins.

Quelle pouvait être la teneur des appariements à cette époque ? Comment les gladiateurs étaient-ils équipés ? Nous supposons, à juste titre, qu'il existait un lien étroit entre les premières conquêtes de Rome et l'invention des *armaturae*. Ce terme, qui désigne les différents types de gladiateurs en fonction de leur armement et de leur technique de combat, constitue l'essence même du combat gladiatorien.

Quoi de plus naturel, une fois la guerre terminée, que d'utiliser la panoplie des peuplades combattues par Rome comme point de départ d'une gladiature « ethnique » ? Ainsi, les ennemis de la République réduits en esclavage contentent les premiers munéraires (organisateurs de *munera*) et les spectateurs en livrant combat affublés des armes et des protections des peuples vaincus. Un moyen efficace de rappeler la suprématie militaire de Rome en insistant sur le caractère universel de sa puissance. ■

[17] (II, IV, 7).

Vue du **temple** d'Hercule Olivarius et du **temple** de Portunus sur le *Forum Boarium*. (photo Georges Bernage.)

Probables proto-gladiateurs samnites
bas-relief de sarcophage, Amiternum (Italie),
seconde moitié du Ier siècle av. J.-c. (photo Erin Taylor.)

LE CONTEXTE DE CRÉATION D'UNE GLADIATURE ETHNIQUE

À l'origine, l'expansion de Rome est née de simples querelles de voisinages. Progressivement, ces luttes défensives vont prendre une tournure beaucoup plus agressive et se muer en guerres de conquête. Depuis les premiers combats contre les Latins et les Étrusques jusqu'à l'attaque lancée par **Jules César** sur les Gaules en 58 av. J.-C., près de 450 ans se sont écoulés. Ils intègrent pratiquement toute la durée dite « républicaine » des jeux de gladiateurs (264-27 av.J.-C.) et donnent à découvrir différentes *armaturae* de tradition italique, celtique ou grecque.

Les guerres samnites [343-290 av. J.-C.]

Elles sont à l'origine de l'*armatura* des *samnes*. Lors de ce conflit, les habitants de Capoue, harcelés par les montagnards samnites, appellent à l'aide leur voisin romain. L'historien **Tite-Live** [18] relate l'épisode de la défaite de l'armée samnite en 310 av. J.-C. à l'issue de laquelle les vaincus laissèrent leurs armes sur le champ de bataille. À cette occasion, les alliés capouans des Romains en profitèrent pour récupérer les équipements abandonnés par les soldats et décidèrent d'en équiper leurs gladiateurs. Outre le caractère singulier de cette histoire, ce qui est intéressant à travers cette anecdote, c'est la date avancée par l'historien latin pour illustrer son propos. En effet, nous nous trouvons peu de temps après l'époque de création des peintures de Paestum dont certaines images font écho à cet épisode historique.

[18] *Les Livres depuis la fondation de Rome*, IX, 40.

Soldats samnites, peinture murale, Paestum (Italie),
milieu du IVe siècle av. J.-c. (photo *Wikimedia Commons*.)

Cuirasse anatomique gréco-italique de production sud-italienne, bronze, IVe siècle av. J.-C. (photo Damien Bouet, Musée d'Art Classique de Mougins.)

À partir de cette date, l'« *armatura samnitium* » semble se diffuser dans tout le Latium. On peut supposer que, suite à leur victoire définitive de Sentinum (vers 295 av. J.-C.) sur une coalition de Gaulois, de Samnites, d'Ombriens et d'Étrusques, les Romains reprennent cette catégorie et l'intègrent à leurs spectacles. En 264 av. J.-C., il n'y avait que trois paires de gladiateurs affrontées pour honorer la mémoire de **Brutus** mais, pour les obsèques de **Licinius Crassus** en 183 av. J.-C., ce sont soixante paires de combattants qui sont offertes. Il est donc tout à fait raisonnable d'imaginer qu'à cette occasion des Samnites aient pu prendre part aux réjouissances.

Selon Tite-Live, ces combattants portent un bouclier plus large dans sa partie supérieure que dans sa partie basse, leur poitrine est protégée par un tissu de feutre qui fait office de cuirasse, une bottine couvre leur jambe gauche et leur casque est décoré d'un imposant panache. Cette catégorie perdure jusqu'au Ier siècle av. J.-C. et se transforme ensuite pour donner naissance à d'autres types de gladiateurs. L'auteur semble décrire des Samnites dont le bouclier militaire originel de forme ronde a pu évoluer pour devenir une arme défensive rectangulaire.

Une autre fresque retrouvée à Paestum montre des soldats samnites. Armés de javelots et de boucliers ronds de type *aspis*, ils portent des jambières (cnémides) et un casque à paragnathides surmonté d'une aigrette. Très proches, dans leur apparence, des proto-gladiateurs osco-samnites de la tombe d'Andriolo, ils semblent toutefois posséder une panoplie bien différente des gladiateurs de tradition samnites qui apparaissent sur des fresques murales très abîmées du IIe siècle av. J.-C. retrouvées dans la maison du prêtre **Amandus** à Pompéi. Sur ces peintures, le gladiateur le mieux conservé porte un pagne (*subligaculum*), un glaive (*gladius*), un petit casque et un bouclier rectangulaire (*scutum*).

Évocation d'un guerrier samnite, IVe siècle av. J.-C. Il porte une cuirasse et un casque d'inspiration chalcidienne et est armé d'un *xiphos* et d'une javeline. La composante grecque de l'armement est prégnante. Le bouclier quant à lui semble proche de la description de **Tite-Live**. (photo Ana Belen Rubio, *Athenea Promakhos*.)

Samnite, fresque de la maison d'Amandus, peinture murale, fin du IIe siècle av. J.-C. (DAO Damien Bouet.)

Le Brenn et sa part du butin (1893), huile sur toi de **Paul Joseph Jamin** (1853-1903). (photo Damien Bouet, Palais Synodal, Sens.)

Mercenaire gaulois nu, armé d'une épée et d'un bouclier, *terracotta*, 220-180 av. J.-C. (photo Damien Bouet, British Museum, Londres.)

La menace celte

Le péril gaulois est à l'origine de l'invention de l'*armatura* des *Galli*. Le problème reste de savoir quelle est la date exacte de création de cette catégorie. D'un point de vue purement chronologique, il paraît peu probable que les évènements tragiques de 390-386 av. J.-C. qui amenèrent les hordes du chef sénon **Brennos** au centre de Rome, suite à la victoire de l'Allia, aient servi de point de départ à la constitution d'un groupe de combattants d'inspiration celtique. En effet, au tout début du IVe siècle av. J.-C., la gladiature n'en est qu'à ses balbutiements et nous n'imaginons pas les Romains – traumatisés par le sac de Rome – choisir d'utiliser, quelques décennies plus tard, l'armement des Gaulois pour en vêtir leurs propres gladiateurs.

À l'instar des Romains, les Étrusques, au contact direct des Celtes de Cisalpine, sont, depuis le IVe siècle av. J.-C., opposés aux guerriers de ce peuple. Mais nous voyons mal comment les Étrusques auraient pu, eux-mêmes, être à l'origine de la première *armatura* gauloise alors qu'ils ne sont pas, comme nous l'avons explicité, les instigateurs du phénomène gladiatorien et qu'ils subissent les foudres de Rome dès 396 av. J.-C. en perdant leur ville principale de Véies. La date de 186 av. J.-C. avancée par Tite-Live nous semble donc beaucoup plus crédible pour la création de la catégorie des Gaulois. Elle correspond à la première mention de ce gladiateur à Rome. À cette date, Carthage est complètement détruite et les Romains viennent de se débarrasser de leurs adversaires insubres et boiens.

Restitution d'un chef de guerre gaulois sur un char. (photo Bruno Hanniquet, Les Leuki & Les Portes de l'Histoire.)

Derechef, selon le même processus que pour les Samnites, les Gaulois de Cisalpine, désormais vaincus, ont pu servir de faire-valoir à la propagande romaine. Mis en scène dans le cadre de spectacles de gladiateurs donnés sur le *forum*, ils servaient à magnifier la puissance de Rome et à réaffirmer sa supériorité militaire. Malheureusement, comme pour le Samnite, les sources qui permettent d'identifier cette catégorie sont extrêmement rares. À l'image du soldat qui a donné nais-sance au gladiateur samnite, la panoplie du Gaulois a dû se modifier et évoluer au fil du temps. La représentation d'un guerrier nu combattant sans casque, avec une longue épée, comme il apparaît sur le vase du Kunstmuseum de Bonn [*cf.* p.15], donne peut-être une idée assez précise de ce à quoi pouvait ressembler le gladiateur gaulois à haute époque. Pourtant, lorsqu'on compare cette image à une iconographie avérée d'un spectacle gladiatorien qui donne plus justement une idée de la réalité de la panoplie du gladiateur gaulois, on s'aperçoit qu'il y a eu de fortes modifications de son armement depuis sa création jusqu'à sa disparition à la veille du Iᵉʳ siècle ap. J.-C.

Un bas-relief de Bologne, daté de la fin du Iᵉʳ siècle av. J.-C. illustre parfaitement ces évolutions. Désormais, les *galli* au bouclier ovale portent un pagne et un casque gaulois d'époque césarienne. Preuve que leur armement s'est modifié et que les changements opérés au sein de l'armée gauloise ont sans doute inspiré les *manicarii* (les armuriers des écoles de gladiateurs) et les *doctores* (les instructeurs des gladiateurs dans l'école) qui les ont répercutés au sein du *ludus*.

Gladiateurs gaulois, bas-relief, fin du Iᵉʳ siècle av. J.-C., Musée archéologique national de Bologne (Italie). (photo *Wikimedia Commons*.)

Évocation d'un *gallus*, armé d'une lance et d'un bouclier oval. (photo *Pax Augusta*.)

Évocation de l'arène d'un *ludus*
au *Römerstadt Carnuntum*
(Allemagne).
(photo Römerstadt Carnuntum.)

Thrace s'exerçant au *palus*,
lampe en terre cuite, Italie, Iᵉʳ siècle ap. J.-C.
(photo Damien Bouet, Musée du Louvre, Paris.)

Gladiateur s'exerçant au *palus*,
mosaïque, Mâcon (France),
fin du Iᵉʳ siècle-début du IIᵉ siècle ap. J.-C.
(photo Carole Raddato, Musée des Ursulines de Mâcon.)

Un lien armée-*ludus* qui perdure

Ces évolutions panoplitiques qui semblent toucher toutes les catégories de gladiateurs s'expliquent par la durée du phénomène gladiatorien qui s'étend sur plusieurs siècles et par les nombreuses passerelles qui existent entre l'armée et le *ludus* (l'école de gladiateurs).

L'entraînement des légionnaires est très proche de celui des gladiateurs et les armes qu'ils emploient à cette occasion sont identiques. Nous savons par exemple qu'ils s'exercent de la même manière au *palus*, ce pieu de bois fiché en terre, dont une mosaïque gallo-romaine retrouvée à Flacé-lès-Mâcon et une lampe en terre cuite découverte en Italie témoignent encore de l'usage au Iᵉʳ et au début du IIᵉ siècle ap. J.-C. Par ailleurs, le terme *tiro*, la recrue, peut s'employer indifféremment pour le conscrit qui intègre les rangs de la légion et pour le gladiateur débutant qui s'engage par contrat ou qui se trouve enrôlé de force, parce qu'il est esclave, dans la troupe d'un *lanista* (propriétaire de gladiateurs).

Ces deux types de combattants – soldat et gladiateur – partagent surtout les mêmes idéaux et les mêmes rêves de gloire sur le champ de bataille ou dans l'arène. L'esprit de corps, caractéristique de la troupe militaire, se retrouve pleinement dans cette idée de *familia gladiatoria* au sein de laquelle la fraternité est forte et où l'on se traite de *coarmius*[19], de compagnons d'armes. Sur ce point, les sources antiques, de **Sénèque**[20] à **Végèce**[21], apportent de précieux éclairages au sujet des relations privilégiées qui existent entre le monde de la guerre et l'univers des gladiateurs.

Valère Maxime[22] explique par exemple comment des *doctores* du *ludus* de Capoue entraînèrent, en 105 av. J.-C. les soldats à la demande du consul **P. Rutilius**. Quant à **Ammien Marcellin**[23], évoquant la bataille de Strasbourg, qui eut lieu en 357 ap. J.-C., il donne un bon éclairage sur la manière de combattre des légionnaires qui utilisèrent une technique propre au gladiateur *murmillo* : *"Et ils reprirent le combat avec une fougue accrue ; attentifs à esquiver les blessures et se couvrant à la façon d'un mirmillon, ils perçaient de leur épée tendue le flanc des barbares que découvrait leur ardente colère"*.

Il arrive encore que des gladiateurs viennent prêter main-forte aux soldats au cours des guerres qui opposent Rome à ses adversaires ou dans le cadre de conflits qui voient s'affronter plusieurs prétendants au trône. C'est ce que relate **Tacite**[24] au sujet de la guerre civile qui opposa **Othon** à **Vitellius** au moment de la crise de 68-69 ap. J.-C. à laquelle participèrent 2000 gladiateurs. D'autres fois, des combattants du *ludus* furent choisis pour constituer la garde rapprochée des magistrats comme en témoigne **Velleius Paterculus**[25] au sujet de la troupe de gladiateurs de **Decimus Brutus**, l'un des conjurés qui poignarda **César** en 44 av. J.-C. aux ides de mars.

Très souvent, les *armaturae* gladiatoriennes agissent comme une ultime solution dans le règlement d'un conflit. Ce sont des hommes bien entraînés et endurants qui ne craignent pas la mort et qui restent dévoués à leur maître. De plus, contrairement à l'armée qui ne peut pas franchir l'enceinte sacrée de Rome (le *pomoerium*) et ne peut donc pas y séjourner – comme cela semble aussi être le cas dans plusieurs villes anciennes du *Latium* ou dans les colonies romaines fondées rituellement – les gladiateurs, eux, sont dans l'*urbs*, c'est-à-dire au cœur même de la ville.

Le *ludus matutinus* et le **Colisée**,
maquette de Rome par **Italo Gismondi** (1933-1937).
(photo Jean-Pierre Delbéra.)

D'ailleurs, c'est depuis le *ludus* du laniste **Lentulus Batiatus** situé à Capoue, qu'un célèbre gladiateur, originaire de Thrace, a mené au combat plusieurs de ses semblables et des milliers d'esclaves à la révolte en 73 av. J.-C. Cet homme, habile à manier les armes et fin stratège porte le nom de **Spartacus** et pratique probablement sa discipline dans la catégorie «ethnique» des *thraeces* bien que l'écrivain **Florus**[26] choisisse d'en faire un mirmillon.

[19] *Corpus des Inscriptions Latines*, X, 7297.
[20] *De la Providence*, III et IV.
[21] *Institutions militaires*, I, XI.
[22] II, 3, 2.
[23] *Histoires*, XVI, 12, 49.
[24] *Histoires*, II, 11.
[25] *Histoire romaine*, II, 58.
[26] *Abrégé d'Histoire romaine*, livre III, XXI.

Vestiges du *ludus matutinus* à Rome.
(photo Marie-Lan Nguyen.)

Sicae disposées autour d'un **thrace** et reproduction d'un thrace d'après une vignette de la mosaïque des promenades de Reims. (DAO et photo Damien Bouet d'après J.-C. Loriquet, 1862.)

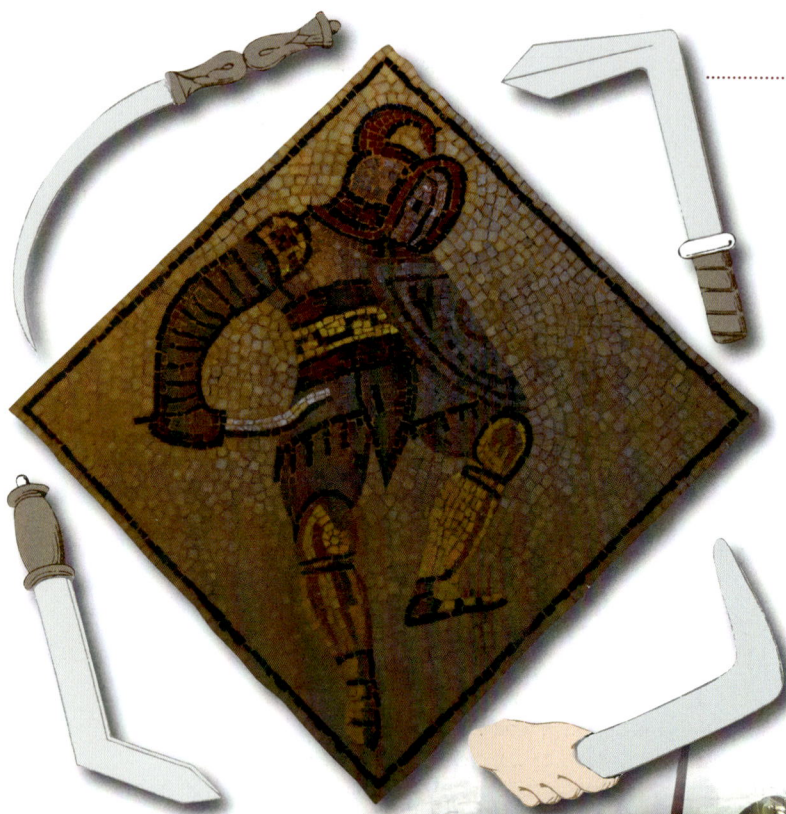

La catégorie des *thraeces*

Au sein des *armaturae*, le *thraex* apparaît comme un gladiateur à l'armement original. **Cicéron**[27] est le premier auteur à avoir témoigné sur ce combattant qui perdure jusqu'au IVe siècle ap. J.-C., preuve que sa technique de combat et son apparence ont beaucoup plu au public. Il a probablement été imaginé à la suite des conflits qui opposèrent Rome à ses adversaires grecs.

La Thrace passe sous domination romaine au IIe siècle av. J.-C., mais nous supposons que c'est sous la dictature de **Sylla**, vers 86 av. J.-C. – au moment où la Grèce finit par être complètement soumise à la puissance romaine – que ce gladiateur fait son apparition dans les jeux. À cette époque, les armées de Rome, en lutte contre **Mithridate VI Eupator**, réussirent à capturer des guerriers de cette nation qui servait dans les rangs du roi du Pont. C'est *Plutarque*[28] qui précise le caractère barbare et bigarré de cette armée au sein de laquelle les Thraces étaient intégrés soit comme alliés, soit comme mercenaires.

Or, le problème de ce guerrier réside dans sa panoplie qui semble bien éloignée de l'armement du gladiateur du même nom. On trouve au sein des troupes de Mithridate des cavaliers thraces munis de la lance qui rappellent, par leur accoutrement, une divinité appelée « cavalier-héros » dont l'image va d'ailleurs perdurer dans l'art romain. Mais y avait-il des peltastes parmi ces hommes, des troupes à pied armés de javelots, d'un bouclier en forme de croissant et d'une épée ?

Thrace au bouclier rond, bronze, Colchester (Angleterre), I-IIe siècle ap. J.-C. (photo Damien Bouet, British Museum, Londres.)

Évocation d'un gladiateur Thrace. (photo *Pax Augusta*.)

Lors des conflits contre Sylla, il est fort probable que les soldats thraces, dont parle Plutarque, possédaient un équipement bien différent. De nombreuses tribus forment ce groupe ethnique des Thraces et, dans ces conditions, il est raisonnable de penser que l'armement de ces hommes ait pu profiter de cette diversité tribale. Spartacus, par exemple, était originaire de la tribu « *Medi* » localisée dans la vallée de la Strouma. Ses armes étaient-elles révélatrices d'une tradition locale de la guerre ou d'une pratique plus généralisée ?

À quoi pouvait donc bien ressembler le gladiateur issu des mercenaires de Mithridate ? Quel équipement avait-il choisi de privilégier ? De toutes les *armaturae*, celle des Thraces est sans doute la plus hétérogène puisque son armement peut être constitué d'armes très diverses.

Qu'il s'agisse du casque, des boucliers ou des armes offensives, chaque attribut peut adopter une grande quantité de formes ou de taille comme l'illustre le dessin de Jean-Charles Loriquet à propos d'une vignette de la mosaïque rémoise *Des Promenades* aujourd'hui disparue. Ici, sans que l'on puisse vraiment retracer l'origine de ses sources, l'archéologue propose quatre exemplaires d'une *sica* (glaive recourbé) disposés autour d'un Thrace, dont le musée Saint-Rémi conserve une reproduction

La variété d'armes employées pourrait s'expliquer par la durabilité de cette catégorie qui a dû connaître, au fil du temps, des évolutions importantes. Si l'hypothèse de la pérennité peut expliquer cette variété panoplitique, les spécificités multi tribales du peuple thrace doivent aussi être considérées puisque, pour une même époque, plusieurs sources iconographiques montrent l'affrontement entre des Thraces aux équipements différents.

C'est ce que figure un bas-relief du Musée des Thermes de **Dioclétien** daté du Iᵉʳ siècle av. J.-C. Sur cette sculpture, on peut observer l'opposition entre deux combattants appartenant à la même *armatura*. Pourtant, le combattant de gauche utilise un petit bouclier, la *parma* (ou *parmula*) et un glaive recourbé, la *sica*, tandis que son adversaire brandit un bouclier rond et bombé (*clipeus*). Seuls les casques et les *ocreae* portés par ces deux hommes semblent identiques.

L'iconographie de la céramique sigillée, une terre cuite de couleur rouge-orangé, qui se développe abondamment en Gaule à partir du début du Iᵉʳ siècle ap. J.-C., garde en souvenir cette opposition originelle qui disparaît progressivement au cours du IIᵉ siècle ap. J.-C. Plusieurs vases donnent à voir l'opposition entre des *thraeces*. Si le bouclier rond n'est plus opposé à la *parma* carrée, on observe cette fois l'usage de casques et d'armes blanches très différents d'un combattant à l'autre. C'est le cas dans l'atelier de La Graufesenque (Aveyron, France) où deux *thraeces* qui s'opposent portent des casques d'apparence bien éloignés, l'un muni

Deux thraces affrontés, Iᵉʳ siècle ap. J.-C., dessins de fragments de céramiques sigillées de l'atelier de La Graufesenque (DAO Damien Bouet, d'après Hermet 1934 et Oswald 1936-1937.)

d'une grille, l'autre d'une visière et, d'autres fois, l'un usant d'une *sica*, l'autre d'un glaive droit.

Nous verrons, en abordant la gladiature classique qui se met en place sous le premier empereur de Rome, **Auguste**, que d'autres catégories de gladiateurs posent des problèmes d'identification tout aussi importants. Il arrive parfois que l'on éprouve de grandes difficultés à différencier un thrace d'un hoplomaque ou un rétiaire d'un chasseur muni d'un trident, comme il peut s'avérer extrêmement délicat de distinguer un bestiaire lourdement équipé d'un gladiateur samnite. ■

[27] *Philippiques*, VII, 6.
[28] *Vie de Lucullus*, VII, 4-6.

Deux thraces affrontés, Iᵉʳ siècle av. J.-C., musée des Thermes de Dioclétien, Rome (Italie). (photo *Creative Commons*.)

LES CHASSEURS DU *CIRCUS MAXIMUS*

P our l'époque républicaine, nous connaissons quelques représentations de combattants luttant dans le cirque contre des fauves. Leur posture, mais surtout les armes qu'ils adoptent, les éloignent foncièrement du chasseur à l'épieu appelé *venator* qui finira progressivement par les supplanter dans le cadre des *venationes* d'amphithéâtre à partir du IIᵉ siècle ap. J.-C.

Bestiarius et *venator*

La panoplie « lourde » de ces *bestiarii* permet de les rapprocher des gladiateurs avec lesquels ils partagent beaucoup de points communs et auxquels ils sont souvent assimilés. Une plaque en terre cuite, dite « de Campana », datée sans doute du tout début du Iᵉʳ siècle ap. J.-C., permet de comprendre qu'à l'origine les *venationes* se déroulaient dans le cirque comme en témoignent les *metae* (bornes) figurées sur cette scène. Ici, il s'agit bien d'un *bestiarius* armé d'un casque à panache, d'un long glaive et d'un bouclier rectangulaire et non pas d'un gladiateur. Ce bestiaire lutte contre des félins aux côtés d'un *venator* (chasseur) muni d'un *venabulum* (épieu).

D'emblée, on remarque que la physionomie de ces deux protagonistes de la chasse recréée est très éloignée. On peut d'ailleurs supposer, à juste titre, que la technique de combat développée par l'une et l'autre de ces *armaturae* ne répond pas non plus aux mêmes contraintes. Si le maniement de l'épieu du veneur demande peu d'entraînement comme nous le verrons ultérieurement, l'usage dynamique du glaive et du bouclier fait appel à d'autres aptitudes. Sous l'Empire, cette dichotomie explique sans doute la création d'un véritable *ludus* réservé aux chasseurs. Ce lieu d'exception appelé *ludus matutinus*, en référence aux *venationes* données le matin, verra le jour à Rome sous le règne de **Domitien** (81-96 ap. J.-C.) pour compléter les aménagements qui accompagnent l'érection du Colisée.

Bestiarius contre un sanglier, bronze, Iᵉʳ siècle ap. J.-C. (photo Damien Bouet, Römisch-Germanisch Museum, Cologne.)

Vue du *Circus Maximus*, depuis le Mont Palatin. L'édifice a été largement remanié au fil des siècles et entièrement reconstruit sous **Trajan**. (photo Paul Williams.)

Venatio donnée dans le grand cirque, terre cuite, Italie, début du Ier siècle ap. J.-C., plaque dite « de Campana ». (photo Carole Raddato, Museo nazionale delle Terme, Rome.)

Bestiaires contre des fauves, terre cuite, Ier siècle ap. J.-C. (photo Carole Raddato, Antiquarium Alda Levi, Milan.)

La plaque Campana offre également d'autres indices intéressants qui permettent de comprendre comment s'organisaient les chasses du cirque. On y découvre un personnage complètement nu, recroquevillé sous une bête, le *noxius*, qui témoigne du caractère extrêmement violent de ce genre de spectacle qui mêle affrontements sanglants, sauvagerie animale et voyeurisme primaire. Ce condamné aux bêtes, jeté dans l'arène comme supplicié, va devoir endurer les pires morsures des félins. Mais à l'inverse des chasseurs en capacité de se défendre, lui est voué à une mort certaine.

Une seconde plaque, conservée à l'Antiquarium de Milan, renseigne davantage sur l'intense âpreté de ces jeux du cirque. On y découvre trois *bestiarii* aux prises avec des fauves affamés bien décidés à se repaître de leur chair. L'un des combattants est attaqué par une lionne très agressive qui lui mord la tête heureusement protégée par un casque, tandis qu'un lion bondit sur un individu dont le corps s'affaisse sous le coup de l'assaut.

Bestiaires contre félins,
bas-relief Torlonia, époque augustéenne.
(dessin d'après Daremberg et Saglio, 1877-1910.)

Ursarii (veneurs) luttant contre des ours, graffiti du Colisée,
I-IIe siècle ap. J.-C. (photo Damien Bouet, Colosseo, Rome)

Le gladiateur face aux bêtes

Si le bestiaire reste le protagoniste privilégié pour ce genre de mise en scène, quelques images, souvent prises à tort pour des représentations symboliques[29], prouvent que le gladiateur, lui aussi, pouvait s'opposer à des bêtes sauvages dans l'arène. Faut-il pour cette raison le considérer aussi comme un chasseur ? Utilise-t-il, à cette occasion, une technique de combat particulière, différente de celle adoptée lors de son engagement contre un homme ? Même si le cirque n'est pas le terrain de prédilection des gladiateurs, leur utilisation à des fins précises pour rendre plus attractive une exhibition semble avoir été une alternative possible. En effet, il pouvait arriver que des catégories comme le thrace, le mirmillon ou l'*essedarius* luttent contre des félins comme en témoigne l'iconographie d'une céramique sigillée de l'atelier de Chémery-Faulquemont (Moselle, France) qui présente un mirmillon opposé à un lion ou un groupe sculpté de Chalon-sur-Saône montrant un thrace écrasé par le poids d'un félidé.

Nous pouvons supposer que ces oppositions gladiateurs/animaux sont devenues un peu plus fréquentes avec l'avènement des amphithéâtres, le renouvellement des *armaturae* et l'évolution des prérogatives panoplitiques de certaines catégories plus anciennes qui ont perduré. Néanmoins, il s'agit d'un spectacle qui reste rare jusqu'à la fin du Ier siècle ap. J.-C. puisque c'est essentiellement au *bestiarius* d'assurer cette fonction. Ce sont bien des *bestiarii* luttant contre des félins, et non pas des gladiateurs, qui apparaissent sur le célèbre bas-relief d'époque augustéenne de la villa de Torlonia à Rome. Pourtant, la diversité de glaives et de boucliers a poussé certains auteurs à voir dans ces combattants deux thraces, deux mirmillons et un *eques*.

[29] Le lion opposé à un gladiateur est souvent considéré dans son rôle symbolique d'animal androphage. À ce titre, il incarnerait la victoire finale des forces de la mort sur le défunt.

Mirmillon opposé à un lion, dessin d'un fragment de céramique sigillée de l'atelier de Chémery-Faulquemont (France), fin du Ier siècle ap. J.-C. (DAO Damien Bouet, d'après K.-A. Kazek.)

Thrace terrassé par un lion, calcaire, Châlons-sur-Saône,
I-IIe siècle ap. J.-C. (photo musée Denon, Châlons-sur-Saône)

Si les boucliers des deux hommes figurés à droite de la scène peuvent s'apparenter à une *parma* de Thrace, leurs épées droites sont bien différentes de la *sica* à lame courbe et ils ne portent pas d'*ocreae* sur les deux jambes. Les deux guerriers de gauche, quant à eux, n'ont rien à voir avec des *mirmillones* à l'image du bouclier tout à fait singulier du bestiaire placé derrière le lion. Enfin, l'homme à terre, pris à tort pour un *eques*, ne porte pas la tunique caractéristique de sa catégorie mais une solide cotte d'écailles (*lorica squamata*) preuve, s'il en est, que ces hommes en lutte contre des animaux sauvages risquent leur vie bien davantage que certains gladiateurs et sont de parfaits bestiaires. Pour cette raison, nous pouvons supposer que ces combattants étaient recrutés parmi les esclaves ou qu'ils étaient des *damnati ad ludum venatorium*, c'est-à-dire des condamnés obligés de lutter dans le cadre des jeux appelés *venationes*.

La disparition progressive des *bestiarii* au cours du Ier siècle ap. J.-C.pourrait s'expliquer par l'usage un peu plus fréquent de gladiateurs dans la *venatio*. Or, c'est semble-t-il la raréfaction des prisonniers de guerre, suite à la stabilisation des frontières de l'Empire, qui serait en mesure d'expliquer ce phénomène. Pour de nombreux auteurs, le temps des conquêtes qui permettait de rapporter à Rome des milliers d'hommes pour les réduire en esclavage et les produire dans des exhibitions létales est définitivement passé. Désormais, les conflits sont plus localisés et résultent, pour la plupart, de revendications sociales ou de bouleversements politiques.

La dernière prière des martyrs chrétiens, par **Jean-Léon Gérôme**, 1883. Cette scène fantasmée, montre la place donnée aux félins dans les jeux sanglants. Quand ils ne sont pas combattus par des hommes, ils servent à illustrer les desseins cruels des empereurs romains. (photo Walters Art Museum, Baltimore.)

Esclaves entravés et combat d'animaux sauvages, bas-relief, Smyrna (Turquie), 200 ap. J.-C. (photo Damien Bouet, Ashmolean Museum, Oxford)

Éléphant et son cornac, lampe en terre cuite, Glanum, début du Iᵉʳ siècle ap. J.-C., Glanum (France). (photo Kévin Alexandre Kazek.)

Des exhibitions d'animaux pour recréer l'univers de la chasse

Si l'on connaît, avec plus ou moins de certitude, la date du premier *munus* donné à Rome, il est plus difficile de savoir à quelle date a réellement eu lieu la première *venatio*. À l'origine, cette chasse recréée, dans laquelle des bêtes s'entredéchirent ou luttent contre des hommes, est une attraction proposée au cirque. Avec l'évolution des jeux, au moment du développement des amphithéâtres dans toutes les provinces de l'Empire, elle prendra une place de plus en plus importante dans l'organisation des spectacles.

C'est sous le consulat de **Lucius Caecilius Metellus**, en 251 av. J.-C., qu'eurent lieu les premières montres d'animaux « exotiques ». Ce général, en lutte contre les Carthaginois, est selon toute vraisemblance le premier à avoir exhibé à Rome des bêtes du continent africain. Après sa victoire sicilienne de Panormus (Palerme) sur les troupes d'**Hasdrubal**, **Mettelus** rapporte dans la capitale cent quarante-deux éléphants qu'il présente au peuple dans le cadre de son Triomphe.

Nous pouvons considérer Metellus comme l'inventeur d'une pratique qui connaîtra, quelques décennies plus tard, un très grand succès dans le cadre des *venationes* officielles. La maîtrise de ces bêtes d'une puissance colossale était sans doute laissée à des cornacs et à la surveillance d'hommes lourdement équipés qui sont probablement à l'origine des premiers *bestiarii* que l'on opposera bientôt à des animaux féroces dans le cadre des chasses.

Selon **Pline l'Ancien**[30], qui se fonde sur les écrits de **Verrius Flaccus**, des athlètes du peuple avaient été choisis pour mettre à mort ces redoutables bêtes avec leurs arcs. Nous voici donc en présence de la première manifestation sanglante ayant mis aux prises des êtres humains et des espèces insolites.

Officier carthaginois et élépant. (photo Yann Kervran, Carthago.)

Chargement d'un éléphant africain sur un navire, Véies (Italie), IVᵉ siècle. (photo Carole Raddato, Badisches Landesmuseum Karlsruhe.)

Sarcophage de la chasse. Trinquetaille (France), IVᵉ siècle. Cet imposant sarcophage, en marbre blanc, présente deux scènes de chasse de part et d'autre d'un arbre. [A droite]: des cerfs, acculés foncent vers un filet tendu depuis un arbre. [A gauche]: un cavalier et un veneur tuent un sanglier à l'aide d'un épieu. Sur le couvercle, est figuré le retour de la chasse. Cette évocation d'un épisode cynégétique tardif est tout à fait révélatrice des passerelles qui existent entre la chasse réelle et la chasse recréée. (photo Damien Bouet, Musée de l'Arles Antique.)

Par la suite, lors de jeux donnés par l'empereur, la présence d'éléphants dans les amphithéâtres deviendra beaucoup plus régulière comme en témoigne les sources iconographiques. Une mosaïque du IIIᵉ siècle ap. J.-C., mise au jour à Lyon, montre un éléphant et son cornac parmi une lancée mixte de différentes espèces dans le cadre d'une *venatio*, tandis qu'un médaillon de lampe, retrouvé sur le site de Glanum (Saint-Rémy-de-Provence, Bouches-du-Rhône), met également à l'honneur le pachyderme et son conducteur.

Généralement, on affirme que la première *venatio* à avoir été organisée à Rome est celle donnée en 186 av. J.-C. par **Fulvius Nobilior** au retour de la guerre d'Étolie. À cette occasion, les jeux durèrent dix jours et des athlètes venus de toute la Grèce participèrent aux réjouissances. L'historien **Tite-Live** précise qu'on y fit combattre des panthères et des lions. Malheureusement, on ne sait pas si ces fauves luttèrent entre eux ou s'ils étaient opposés à des *bestiarii*. Pour cette raison, nous pourrions considérer l'exhibition de **Mettelus** comme le véritable point de départ de la tradition des spectacles opposant des hommes et des bêtes.

Une dernière manifestation mérite encore d'être évoquée puisqu'elle annonce, par la diversité des animaux engagés dans le cirque, les grandes *venationes* impériales. En 168 av. J.-C. en effet, les édiles curules **P. Cornelius Scipion Nasica** et **P. Lentulus** surpassèrent de loin tout ce qui avait été fait jusqu'alors en réunissant soixante-trois tigres et quarante ours et éléphants. Comme pour les félins de Nobilior, on ne sait pas s'il s'agissait d'une simple montre d'animaux dans le cadre d'une lancée mixte ou si les bêtes furent combattues.

C'est au cours de l'expansion républicaine que se développe la tradition de rapporter des espèces étonnantes des territoires conquis par Rome. À cette époque, le Grand Cirque, plus que le *forum*, qui ne présentait pas les mêmes dispositifs de sécurité, servait d'arène aux premières *venationes*.

Avec la fin des guerres de conquêtes puis, avec le développement de l'amphithéâtre, qui devient un outil de propagande aux mains des empereurs, les jeux mettant aux prises des gladiateurs, des chasseurs de toutes sortes et des animaux remarquables vont se modifier. L'époque des chasses données dans le cirque et des combats offerts sur le *forum* est définitivement passée.

Désormais, les transformations politiques, militaires et urbanistiques que Rome connaît sous le principat d'**Auguste** présagent des changements majeurs qui vont se ressentir jusque dans l'organisation des spectacles. La disparition de certaines catégories de gladiateurs très anciennes comme celle du samnite ou du gaulois, l'émergence d'*armaturae* modernes, la création de divertissements nouveaux de type *ludi meridiani* (jeux de midi), ainsi que la modification en profondeur des *venationes* annoncent l'ère des amphithéâtres tout-puissants et de leur somptueux *decorum*.

[30] *Histoire naturelle*, VIII, VI.

Détail de la mosaïque aux octogones sur laquelle figure un félin. Saint-Romain-en-Gal (France). (photo Georges Bernage, Musée d'Histoire de Lyon.)

Captures d'animaux (*animalia herbatica*) lors de la **Grande chasse**, mosaïque, Sicile, IVᵉ siècle ap. J.-C., **Piazza Armerina** (Italie). (photo Georges Bernage.)

[31] Tout l'intérêt de cette mosaïque réside aussi dans sa date. Dans la première moitié du IVᵉ siècle, malgré les bouleversements importants subis par l'Empire, le commerce des bêtes pour alimenter l'amphithéâtre reste très vivace. Preuve que le déclin de Rome au Bas-Empire est relatif. Voir sur cette question l'ouvrage de B. Lançon, *L'Antiquité tardive*, Paris, 1997.

Dans ces écrins de démesure, la gladiature perd progressivement son caractère rituel et finit par se désacraliser pour répondre aux plaisirs d'une foule avide de sensations fortes. L'immensité de l'Empire permet d'envisager un véritable commerce des bêtes depuis les contrées les plus reculées du monde romain pour offrir au peuple des chasses grandioses où se mêlent *animalia herbatica* (rennes, cerfs, taureaux, oryx, etc.) et *bestiae africanae* (lions, panthères, éléphants, rhinocéros, girafes, etc.). Comme l'illustre le magnifique pavement de la capture de la villa du Casale à Piazza Armerina en Sicile, une impressionnante logistique se met en place. Ici, des cynégètes et des cavaliers accompagnés de chiens, de traqueurs, de rabatteurs et de tout un équipement sophistiqué (filets de différentes tailles, caisses capitonnées, passerelles, cha-

riot surmonté d'une cage, etc.) appréhendent une faune foisonnante bientôt prête à être envoyée à Rome par bateaux[31] pour satisfaire les rêves les plus fous des munéraires.

Après plusieurs guerres de pacification et la stabilisation de ces frontières, Rome peut profiter d'une paix « relative ». Cette période connue sous le nom de *Pax Romana* va durer jusqu'au règne de **Marc-Aurèle** (161-180 ap. J.-C.). C'est dans ce contexte que vont s'affirmer les spectacles de l'amphithéâtre, vitrine de la puissance romaine et de son exubérance où toutes les curiosités sont offertes au regard du peuple. L'arène devient, d'une certaine manière, le reflet de la grandeur de la cité et sert à mettre en scène les épisodes fameux de son histoire. Elle contribue surtout à montrer à tous que l'art de la guerre reste une discipline dominée par Rome. Une science maîtrisée, enseignée et pratiquée avec ardeur. Qu'il s'agisse du prince qui utilise l'amphithéâtre pour affirmer sa

puissance ou des nantis – magistrats influents souhaitant évoluer politiquement ou notables locaux se muant en évergète pour voir s'élever leur propre gloire – tous profitent du formidable pouvoir d'attraction et d'hypnotisation de cet édifice.

Le contre-exemple des *essedarii*

La République romaine prend fin avec l'instauration du Principat vers 31-27 av. J.-C. Cette forme de gouvernement, qui réunit entre les mains d'**Octavien** – le futur **Auguste** – tous les pouvoirs, donne naissance à la période du Haut-Empire.

L'instauration de ce nouveau régime politique amène de profondes mutations et la création de nombreuses lois permettant de réformer en profondeur toutes les strates de la société. Parmi celles-ci, la *lex pugnandi* va servir à réglementer les combats de gladiateurs en fixant les *armaturae* gladiatoriennes pour près de trois siècles.

À partir de cette date, la gladiature se professionnalise. Désormais, lors des jeux, ce ne sont plus expressément des prisonniers de guerre aux caractéristiques belliqueuses propres à leur civilisation qui s'affrontent, mais des combattants bénéficiant d'aptitudes physiques reconnues, à qui l'on enseigne l'art du combat dans des écoles spécialisées appelées *ludi*.

Sur ce point, **Quintilien**[32], auteur du Ier siècle ap. J.-C., traduit parfaitement ce basculement en expliquant, à travers une parabole sur la rhétorique, la façon dont il faut, pour un gladiateur, lancer son attaque et anticiper ses mouvements : *"Ainsi, dans les combats de gladiateurs, les attaques qu'on appelle de seconde main, deviennent de troisième, si la première n'a fait qu'attirer l'adversaire au combat ; et de quatrième, s'il y a eu double provocation et si l'on s'est par conséquent trouvé dans le cas de se défendre et d'attaquer deux fois ; ce qui peut encore se compliquer"*.

Pour beaucoup, avec l'avènement de l'Empire, le monde des *auctoratii*, des hommes libres qui s'engagent de leur propre chef dans une carrière de gladiateur, succède à celui des esclaves et des prisonniers de guerre enrôlés de force. Pourtant, l'existence de l'*essedarius* qui semble être le dernier gladiateur ethnique, nous pousse à relativiser certains schémas[33].

Cette catégorie de combattants imaginée à la suite des conflits entre Rome et ses ennemis bretons est très originale mais extrêmement sous-représentée dans les sources iconographiques. L'essédaire est un combattant atypique qui lutte du haut d'un char à la manière des guerriers celtes. Il rappelle en cela les tribus originaires de Bretagne (Angleterre) combattues par **César** entre 55 et 54 av. J.-C., par **Claude** entre 43 et 47 ap. J.-C., puis par ses successeurs. Avec la Bretagne, la Calédonie (l'Écosse) est un territoire qui lui aussi a longtemps été convoité par Rome. Les derniers combats qui se sont déroulés dans ces contrées septentrionales eurent lieu au temps des Sévères (193-235 ap. J.-C.).

Une coupe en verre datée des IIIe-IVe siècle ap. J.-C. donne une idée assez précise de l'accoutrement de l'*essedarius*. Monté sur un char tiré par deux chevaux, il s'oppose à une panthère et utilise à cette fin une lance imposante munie d'un talon prévu pour le combat (double pointe), ainsi qu'un petit bouclier rond.

[32] *Institution oratoire*, LIV, V.

[33] Comme d'ailleurs la continuation des *damnatio ad bestias* sous le règne de Caligula (37-41 ap. J.-C.), Claude (41-54 ap. J.-C.), Néron (54-68 ap. J.-C.) et des empereurs flaviens (69-96 ap. J.-C.) qui voient d'ailleurs la mise à mort de nombreux chrétiens.

Evocation d'un char de guerre briton au Ier siècle av. J.-C. (dessin Victor Rousseau.)

Représentation d'une chasse au lion
par le roi Ashurbanipal (668-631 av.J.-c.).
Bas-relief en calcaire, palais de Ninive (Iraq),
VIᵉ siècle av.J.-c.
(photo Damien Bouet, British Museum, Londres.)

Course de chars
terre-cuite, Colchester
(Angleterre), IIᵉ siècle.
(photo Damien Bouet,
Colchester Museum.)

Possible représentation d'un dimachère. À moins qu'il ne
soit question d'un gladiateur thrace ayant récupéré le glaive droit de son adversaire mirmillon. Bas-relief en calcaire, nécropole de Hierapolis (Turquie), IIIᵉ siècle. (photo Carole Raddato, Hierapolis Arkeoloji Müzesi.)

Course de chars, bas-relief, Arles (France), IIᵉ siècle.
(photo Damien Bouet, Musée de l'Arles Antique.)

Affrontement entre deux *Sagittarii*. Florence(Italie), IIIe siècle. (photo Sailko, Musei Barini, Florence.)

Le fait qu'il soit opposé à un félin constitue un apport très intéressant. Cette réunion insolite nous pousse à voir dans ce personnage – mentionné à une trentaine de reprises dans l'épigraphie – un protagoniste très particulier des spectacles de l'arène. S'agit-il vraiment d'un gladiateur ou faut-il plutôt le considérer comme un chasseur ?

L'usage du char, qui ne manque pas de rappeler la chasse égyptienne dirigée par pharaon, renvoie naturellement à l'univers du cirque qui a vu naître les proto-*venationes* et qui reste le terrain de prédilection des auriges et des *agitatores* . La fourchette chronologique proposée pour cet objet en verre, sur lequel figure cet *essedarius*, doit aussi être reconsidérée avec précision puisqu'il s'agit d'une date avancée qui se place à l'extrême fin du phénomène gladiatorien.

À cette époque, si les combats de gladiateurs subissent de plein fouet les anathèmes des auteurs chrétiens, les chasses continuent à attirer les foules et commencent même à supplanter les *munera*. La rareté iconographique de ce combattant reste incompréhensible, mais elle ne doit pas être expliquée par une quelconque raison pécuniaire ou par un problème qui serait imputable au coût d'organisation de tels spectacles. Comme pour la « soi-disant » problématique du coût d'achat des chevaux des *equites*, dont nous parlerons ultérieurement, la réunion d'animaux exotiques, la multiplication de plusieurs dizaines de gladiateurs, la création des splendides décors de l'amphithéâtre, l'entretien d'un personnel qualifié, ainsi que la profusion de chars lors des courses du cirque demandent des moyens financiers beaucoup plus conséquents[34].

[34] Le *munus* est une manifestation de la puissance ostentatoire du donateur qui, à travers ses libéralités, dévoile l'ampleur de sa fortune. Au retour de ses campagnes militaires victorieuses, Jules César dans le cadre des triomphes cumulés de 46 av.-J.-c., donne des combats titanesques auxquels prennent part de très nombreux gladiateurs et des *venatores*. À cette occasion, il exhibe également une girafe en témoignage de son fascinant périple.

[35] Un gladiateur armé de javelots et d'un bouclier.

[36] Le nom d'un gladiateur utilisant un arc, mais aussi celui d'un chasseur qui participe aux chasses recréées dans l'arène.

[37] Un combattant luttant de deux manières ou, selon certains auteurs, en utilisant un glaive dans chaque main.

[38] *Satiricon*, XLV.

D'ailleurs, d'autres gladiateurs luttant à même le sol connaissent le même anonymat. Il existe, par exemple, très peu de supports archéologiques montrant le vélite[35], le sagittaire[36] ou le dimachère[37].

Cette rareté iconographique ne signifie pas que ces catégories ont rapidement disparu ou qu'elles n'ont pas existé. La raison de leur absence sur les objets du quotidien révèle, peut-être, un désintérêt du public lié à leurs caractéristiques techniques plus banales. De même, comme semble l'illustrer l'exemple de l'essédaire monté sur son char, cette spécialisation pouvait paraître inutile aux yeux des spectateurs dans le cadre d'un *munus*, alors que le Cirque offrait des courses de chars bien plus palpitantes.

Un texte de **Pétrone**[38] mérite cependant d'être confronté à cette dernière remarque. Il évoque une femme gladiatrice combattant du haut d'un char. Est-ce alors pour cette raison que cette ctégorie a été vouée aux Gémonies ? Les puristes ont-ils cherché, par tous les moyens, à reléguer cette *armatura* à un rang inférieur parce qu'elle était pratiquée aussi par des individus du « sexe faible » affichant clairement leurs prétentions en voulant se hisser au niveau des hommes ?

L'amphithéâtre étant avant tout un univers masculin où s'affichent des valeurs viriles très prégnantes, caractéristiques d'une société romaine phallocratique, la place de la femme a pu être, soit galvaudée ou, au mieux, réduite à sa simple fonction mythologique « érotico-martiale ». Nous y reviendrons. ■

Statuette en bronze d'une possible gladiatrice, armée d'une *sica*. L'attribut qu'elle brandit évoque toutefois la forme du strigile. (photo Damien Bouet, Museum für Kunst und Gewerbein, Hambourg.)

Murmillo [à gauche] et *retiarius* [à droite], fragment de céramique, **Xanten** (Allemagne), Iᵉʳ – IIᵉ siècle ap. J.-C. (photo Damien Bouet, Archäologischer Park, Xanten.)

Figuration d'**armes** et **équipements** de différentes *armaturae*, **Rome** (Italie), vers Iᵉʳ siècle ap. J.-C. (photo Carole Raddato, Colosseum, Rome.)

LES PRINCIPALES *ARMATURAE* DU HAUT-EMPIRE

Finalement, il n'est peut-être pas pertinent d'opposer une gladiature ethnique à une gladiature technique et professionnelle. Bien que les gladiateurs samnites et gaulois disparaissent sous **Auguste** pour donner probablement naissance – en fusionnant – au mirmillon, la catégorie des *thraeces* perdure et celle des *essedarii* naît des dernières conquêtes commencées sous les julio-claudiens.

Selon nous, l'aspect technique du combat gladiatorien a existé dès les origines et ce sont surtout les dernières évolutions qui ont permis d'envisager, sur une période comprise entre 30 av. J.-C. et 50 ap. J.-C., la transformation de certaines *armaturae*, la disparition d'autres jugées trop archaïques et l'invention de nouvelles normes agonistiques.

Ainsi, la manière de lutter du thrace va s'affiner et l'usage qu'il fait de ses différents attributs va donner naissance à la catégorie de l'*oplomachus*, un gladiateur lourdement équipé, muni d'une lance et d'un bouclier rond. De même, l'avènement dans le paysage gladiatorien du rétiaire résulte probablement d'une volonté de mise en opposition des glaives et des armes d'hast, afin de rendre certains combats moins monotones.

Faut-il voir, avec l'arrivée de cette *armatura*, la volonté des organisateurs de *munera* – en concertation avec les *doctores* (instructeurs) et les *manicarii* (armurier) des *ludi* – de donner naissance à un combattant qui brise les codes du combat traditionnel ? Par la nature même de ses attributs très symboliques, le rétiaire personnifie-t-il la cité de Rome devenue maîtresse du monde ?

Différentes *armaturae* au combat, bas-relief, **Patras** (Grèce), vers Iᵉʳ- IIᵉ siècle ap. J.-C. (photo Ilya Shurygin, Neo Archaiologiko Mouseio, Patras.)

Le *retiarius* un gladiateur symbolique ?

D'après les sources en notre possession, ce « gladiateur », qui ne manie pas le glaive mais le *pugio* (poignard), apparaît dans le courant du Ier siècle av. J.-C. Ses armes, tout à fait singulières, évoquent l'univers aquatique puisqu'il se sert, dès les origines, du *rete* (filet) et du *tridens* (trident) pour affronter ses différents adversaires [39].

Par ses particularités, le rétiaire pourrait incarner une sorte d'avatar du dieu **Neptune** puisqu'il ressemble davantage à un pêcheur qu'à un homme de troupe. Un *galerus* (épaulière de protection) aux ornementations aquatiques, retrouvé dans la caserne des gladiateurs de Pompéi, accentue d'ailleurs cette filiation entre le rétiaire et le monde marin. On y trouve, en effet, la présence d'un crabe, d'un dauphin enroulé autour d'un trident, d'une ancre et d'un gouvernail.

Faut-il comprendre, dans le choix de ces modèles et dans les prérogatives du rétiaire, la volonté d'affirmer que Rome est venue à bout de l'ensemble de ses adversaires méditerranéens ? Le rétiaire incarnerait-il une sorte de guerrier ultime, symbole de la thalassocratie romaine ?

L'époque de son apparition, sous le règne d'Auguste, pourrait permettre de corroborer ces hypothèses. Faut-il rappeler qu'en pleine guerre civile, **Octavien** (futur Auguste) a dû consolider son pouvoir et combattre ses ennemis sur tous les fronts et, notamment, sur mer, lors de la bataille d'Actium qui opposa ses forces à celles de ses rivaux, **Marc Antoine** et **Cléopâtre**, en 31 av. J.-C. ?

Est-ce à la suite de cette grande victoire navale remportée par **Agrippa** que le *retiarius* aurait été imaginé ? Dans le cadre d'une propagande à destination des masses populaires, il servirait à incarner la *virtus* (le courage) des Romains sous les traits d'un gladiateur ethnique jaillissant de l'écume.

Un autre élément, donné par l'écrivain chrétien **Tertullien**[40], appuie un peu plus cette proposition[41] lorsqu'il évoque l'attitude du spectateur de l'amphithéâtre devant la cruauté des jeux :

"Pourra-t-il encore être touché par la pitié, les yeux fixés sur les morsures des ours et les éponges des rétiaires ? Puisse Dieu détourner les siens de désirer pareillement un plaisir qui leur est fatal !"

Ces éponges utilisées par le rétiaire à quoi peuvent-elles bien servir ? Beaucoup ont glosé sur ce terme, ni voyant qu'une erreur de retranscription et affirmant que cet objet n'était jamais

Galerus avec motifs aquatiques, bronze, **Pompéi** (Italie), Ier siècle ap. J.-C. (photo Olaf Kueppers, Museo Archeologico Nazionale, Naples.)

Foëne à douille d'époque romaine, pour la pêche à l'anguille. (photo *Aqua Nostra*, Museé Vivant-Denon, Chalon-sur-Saône.)

Pêche au trident, mosaïque, **Sousse** (Tunisie) IIe-IIIe siècle ap. J.-C. (photo Ad Meskens, Musée archéologique de Sousse.)

représenté dans l'iconographie. Cet argument ne tient pas, si l'on considère le cas de la *spira* très peu figurée ou l'exemple du filet qui apparaît en de rares occasions sur les supports archéologiques sans que, pour autant, on ne remette en cause son existence. L'éponge ou spongiaire renvoie naturellement au monde maritime et à la pêche. Le choix de l'attribuer au rétiaire nous semble donc tout à fait légitime.

Durant l'Antiquité, on utilise très souvent une éponge pour porter un liquide à sa bouche ou pour nourrir les enfants de miel. Elle sert aussi à rembourrer une armure pour lui permettre de mieux amortir les chocs, à soigner les malades ou à nettoyer les blessures.

Il semble donc envisageable de supposer que son pouvoir absorbant a pu servir à lui conférer un rôle précis dans le cadre du *munus*. À l'instar du sable recouvrant le sol, l'éponge ne pourrait-elle pas être utilisée pour absorber le sang des victimes ? Cette fonction de récupératrice du flux vital de l'adversaire pourrait en effet trouver une explication plausible.

À cette époque, nous l'avons évoqué, le sang possède une forte connotation philosophique. Il peut être *sanguis* ou *cruor*, mais il peut aussi être considéré comme un remède et une source de jouvence. **Tertullien**[42] affirme, à ce titre, que les païens buvaient le sang des gladiateurs égorgés dans l'arène, tandis que **Pline l'Ancien**[43] évoquait déjà cette pratique à propos des épileptiques qui se repaissaient du sang des gladiateurs pour mieux soigner leurs maux.

À l'image de la mosaïque de la villa Borghèse retrouvée en 1834 à Torrenova, qui donne une vision extrêmement sanglante des combats de gladiateurs vers 320 ap. J.-C., nous pouvons nous interroger sur la mise en scène du sang dans les spectacles de l'amphithéâtre.

Certes, beaucoup avancent que le Haut Empire voit une accalmie de la mort dans les jeux et que la gladiature devient plus sportive, mais l'existence du rétiaire pourrait nuancer cette assertion. D'ailleurs, avec le *secutor*, il est le seul gla-

diateur représenté sur le pavement Borghèse. Pour cette raison, ne joue-t-il pas, dès les origines, une fonction particulière dans l'univers des spectacles en agissant comme une sorte de sacrificateur « récupérateur de sang » dans le cadre d'un rituel servant à rappeler les sacrifices humains originels ? Est-il besoin de préciser qu'à cause de son naturel sanguinaire **Saturne** était le dieu tutélaire des gladiateurs et que des autels consacrés à **Jupiter** infernal et à **Pluton**[44] étaient présents dans les amphithéâtres ? Voilà, selon nous, tout un pan – trop souvent minimisé – de l'univers des *munera* qui appelle une sérieuse relecture.

Un bas-relief daté du milieu du Ier siècle ap. J.-C. figurant sur le tombeau d'**Aulus Umbricius Scaurus** à Pompéi dévoile une image du rétiaire qui appuie cette théorie. D'apparences plus petites que les autres combattants, deux *retiarii* semblent superviser le déroulement du spectacle. L'un, placé en arrière-plan, maintient son trident tel un sceptre tandis que sa main tendue, doigts écartés, semble ordonner au *provocator* victorieux d'égorger son adversaire. L'autre, au premier plan, maintient le *subligaculum* (pagne) du perdant et l'immobilise en posant son pied gauche sur son mollet. Mieux que de simples personnages subalternes engagés pour aider au spectacle, ne faut-il pas voir dans ces deux *retiarii* des sortes de « juges funèbres » décidant de la mort des gladiateurs malchanceux ?

À l'instar du *laquearius*[45], avec lequel il partage beaucoup de points communs, le rétiaire est l'un des rares combattants à lutter à visage découvert. C'est aussi l'un des plus populaires, l'un des plus représentés dans l'iconographie des spectacles et l'un des plus cités dans la littérature. **Juvénal**[46] donne une description parfaite de ce personnage haut en couleur : *« il ne cache point son visage sous un casque : voici qu'il manœuvre*

Opposition entre **rétiaires** et *secutores*, mosaïque, vers 320 ap. J.-C. (photo Damien Bouet, Villa Borghèse, Rome.)

RODAN

[39] Notons toutefois que certains *venatores* utilisent eux-mêmes le trident pour chasser le gros gibier.

[40] *Les Spectacles*, 25, 4.

[41] Et ce, malgré la remise en cause du mot *spongias* transformé en *punctas* ? par certains auteurs. Voir Vassileiou, 1992, p.137-162.

[42] *Apologétique*, IX, 9-10.

[43] *Histoire naturelle*, XXVIII, 4-5.

[44] L'Hadès des Romains.

[45] Ce gladiateur, cité une seule fois par Isidore de Séville, est très proche du rétiaire. Comme lui, il a la tête et les jambes nues et, comme lui, il porte un *galerus* à l'épaule gauche. Toutefois, ses armes de prédilection ne sont pas le filet ou le trident, mais le lasso et le bâton recourbé. Pour cette raison, on a cru voir en lui le partenaire privilégié du *paegniarius*. Étymologiquement, son nom dérive de *laqueus*, un mot qui signifie nœud coulant mais aussi une nasse (ustensile utilisé pour capturer le poisson), un piège, voire un filet. Pour cette raison, il pourrait s'agir d'un avatar du rétiaire voire d'un chasseur de petit gibier, mais en aucun cas de l'opposant du *paegniarius* qui utilise un fouet pour se défendre.

[46] *Satire*, VIII, 203-208.

Évocation d'un *retiarius*.
(photo: Pax Augusta.)

le trident et, après avoir lancé sans résultat, en balançant la main, son filet flottant, il dresse vers les spectateurs son visage découvert et fuit à travers l'arène entière, reconnaissable pour tous. Il faut en croire nos yeux : il est en tunique et de son cou se déroule un cordon doré qui ballote à son épaulière allongée ».

Paradoxalement, la majeure partie des images qui permettent de découvrir le rétiaire en pleine lutte ne montrent jamais son filet, comme s'il s'agissait de privilégier le moment qui succède au lancer de cet attribut duquel il tire son nom. La difficulté technique qu'il y a à reproduire le rets a probablement poussé certains artistes à préférer représenter les phases de combat au trident.

Néanmoins, deux sources datant de l'époque de la création de cette *armatura* témoignent de l'utilisation du filet. Il s'agit d'un *graffito* rudimentaire retrouvé sur le site archéologique de l'antique Ruscino, près de Perpignan (Pyrénées-Orientales) et d'un gobelet fabriqué dans l'atelier de la Muette à Lyon.

Cette céramique du potier **Chrysippus** constitue sans doute la trace archéologique la plus probante pour saisir le passage d'une gladiature républicaine vers une gladiature de type augustéenne. On y découvre deux gladiateurs gaulois à l'armement très proche de celui des combattants du bas-relief de Bologne, un thrace à la *parma*, un samnite portant un grand *scutum* rectangulaire mais, surtout, plusieurs catégories inédites dans le paysage gladiatorien : celle de l'hoplomaque armé d'un *clipeus*, de deux *ocreae* et d'une lance opposée au thrace, celle du *sagittarius* muni d'un arc identique à celui de son semblable qu'il affronte, celle de l'*andabata* qui lutte sans pouvoir observer les faits et gestes de son adversaire et celle du *retiarius* aux prises avec un samnite.

Ici, le personnage au trident est suréquipé malgré l'absence de bouclier. Il porte, fait étonnant, un casque sur la tête, une sorte de tunique renforcée de type *lorica squamata* (cotte d'écailles) semblable à celle du *bestiarius* du relief Torlonia, ainsi que deux jambières identiques à celles du thrace. C'est bien l'image d'un combattant au tout début de son évolution qui apparaît sur cette terre cuite. Une sorte de *proto-retiarius*, dont la technique de combat n'est pas encore absolument fixée.

L'intérêt de cette représentation repose également sur la présence d'un petit *galerus* (épaulière) qui ne cessera de se développer au fil du temps, et d'un filet dont plusieurs mailles s'enroulent autour du bras du combattant. Mais c'est surtout la figuration de la *spira*, dont la pertinence reste très discutable, qui attire toute notre attention. Cette petite corde reliant le rets au trident a sans doute était progressivement aban-

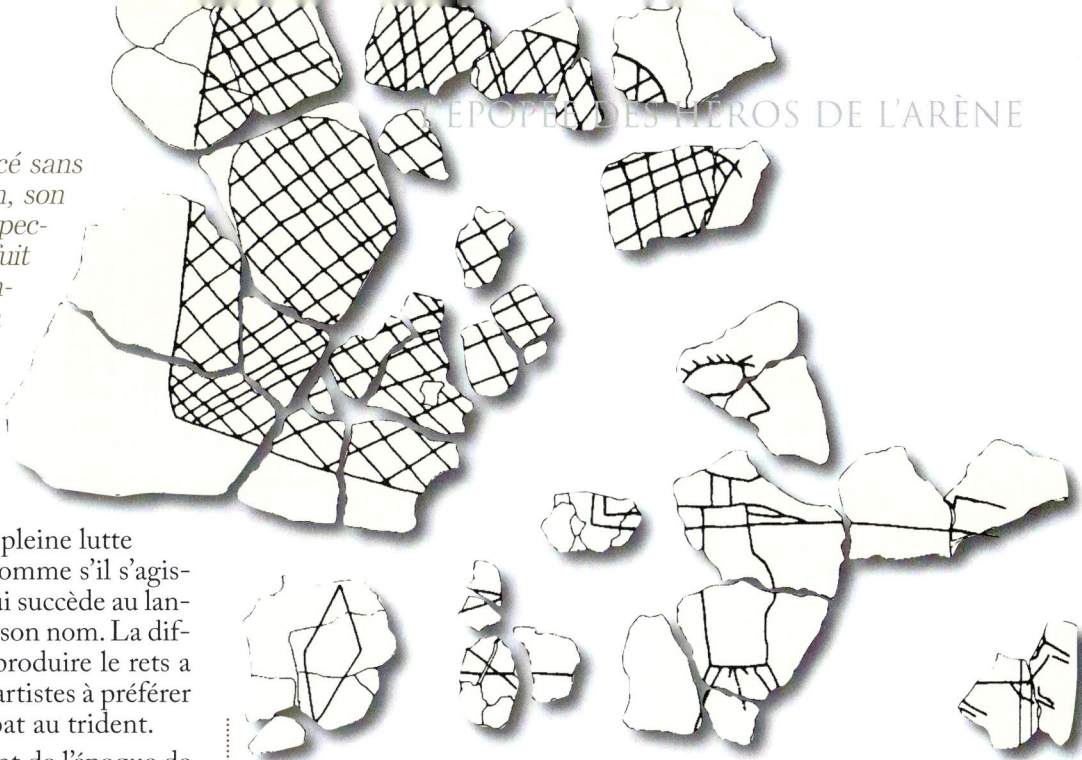

Graffitto représentant un rétiaire avec son filet, plâtre, **Ruscino** (France), Ier siècle ap. J.-C. (DAO Damien Bouet, d'après K. Kazek.)

donnée par le rétiaire qui devait très souvent être mis en danger par cet attribut susceptible d'être phagocyté par son adversaire. C'est probablement la transformation panoplitique de ses opposants qui a poussé les « inventeurs » de l'*armatura* du rétiaire à supprimer l'usage de cette cordelette. En effet, avec les *armaturae* du thrace et du mirmillon, le *retiarius* est celui qui affronte le plus de catégories de gladiateurs.

Ainsi, plus que d'autres combattants, le rétiaire est particulièrement tributaire de l'évolution constante de l'armement de ses adversaires.

Gobelet du potier **Chrysippus** montrant plusieurs *armaturae* nouvelles ou en mutation, terre cuite, **Lyon**, Ier siècle av. J.-C., atelier de la Muette. (photo J.M. Degueule, Musée gallo-romain de Lyon.)

Évocation
d'un *murmillo*.
(photo Pax Augusta)

battants varie comme d'ailleurs la taille de la lame de l'épée mais, la position de combat – à l'exception de l'inclinaison du bouclier – est exactement la même. Pour cette raison, nous pensons que ces deux *armaturae* ont pu fusionner pour donner naissance à la catégorie du *murmillo*, un gladiateur à la panoplie très dépouillée. Cette caractéristique s'avère essentielle dans la lutte puisqu'elle lui permet de poursuivre efficacement le rétiaire dans certaines phases de combat qui font appel à l'endurance et à l'habileté.

La tradition fait descendre le *murmillo* du gladiateur gaulois. Cette allégation vient de l'auteur latin **Festus Grammaticus** qui vécut à la fin du IIᵉ siècle ap. J.-C. et qui reprend, en les abrégeant, les éléments du traité antique de **Verrius Flaccus** intitulé *De Verborum significatu*. On peut supposer que les sources de Flaccus, qui a connu l'époque des bouleversements touchant la gladiature, sont sérieuses. Ainsi, Festus[49] évoque-t-il le lien entre le gaulois et le mirmillon en précisant qu'à l'origine, ce dernier se faisait appeler *gallus*.

Certains auteurs contemporains comme Georges Lafaye ou Robert Sablayrolles ont repris cette filiation à leur compte en précisant que le mirmillon portait tout naturellement l'« *armatura gallica* », constituée d'un *scutum murmillonicum*, d'un petit casque et d'un *gladius*. Il combat torse nu, à l'image de son terrible ancêtre, et ne porte aucune protection. Christian Landes[50], ressuscitant la thèse de Festus, va même plus loin en précisant qu'« *il se peut que l'origine des myrmillons, dont on ne connaît d'ailleurs pas la nature exacte de l'armement, soit des gladiateurs gaulois dont le casque était surmonté d'un poisson* ».

Lutte entre deux gaulois, Iᵉʳ siècle av. J.-C., détail du gobelet de **Chrysippus**. (DAO Damien Bouet, d'après K. Kazek.)

Le *murmillo*, adversaire précisant la vocation symbolique du *retiarius*

L'étude des scènes du gobelet de Chrysippus est très éclairante pour cerner les mutations subies par certaines catégories de gladiateurs. En observant l'affrontement du rétiaire contre le samnite et la lutte entre deux gaulois, une similitude panoplitique évidente se fait jour entre le samnite et le gaulois du milieu du Iᵉʳ siècle av. J.-C.

Tous deux portent un bouclier long à *spina* et *umbo* central[47], un petit casque à paragnathides, un *subligaculum*, des *fasciae*[48] ainsi qu'un glaive droit. Certes, la forme du bouclier de ces com-

[47] Ce sont des pièces de renfort en métal qui viennent se fixer sur la structure externe de l'arme.
[48] Les *fasciae* sont des bandes d'étoffe qui servent à recouvrir les tibias.
[49] *De la signification des mots*, 285 M.
[50] Lattes, 1987, p.24.

Casque de *murmillo*, IIᵉ siècle ap. J.-C. (photo Carole Raddato, Neues Museum, Berlin.)

Colleret en bronze, avec scène de chasse, Xanten (Allemagne), Iᵉʳ siècle ap. J.-C. (photo Damien Bouet, LVR-Archäologischer Park, Xanten.)

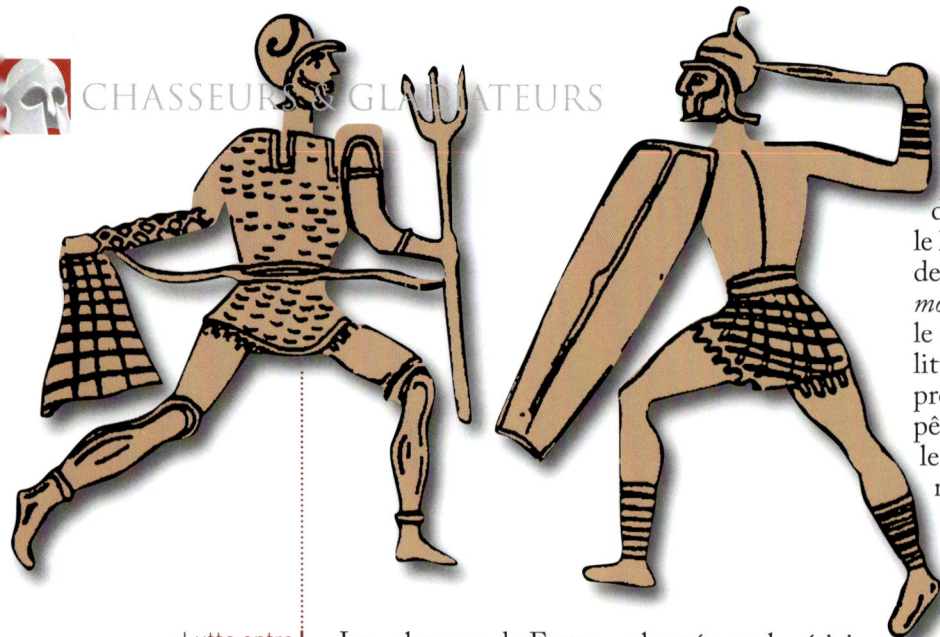

Lutte entre un rétiaire et un samnite, Ier siècle av. J.-C., détail du gobelet de **Chrysippus**. (DAO Damien Bouet, d'après K. Kazek.)

Grille de protection du visage en deux parties, bronze, Italie, Ier - IIe siècle ap. J.-C. (photo Damien Bouet, British Museum, Londres.)

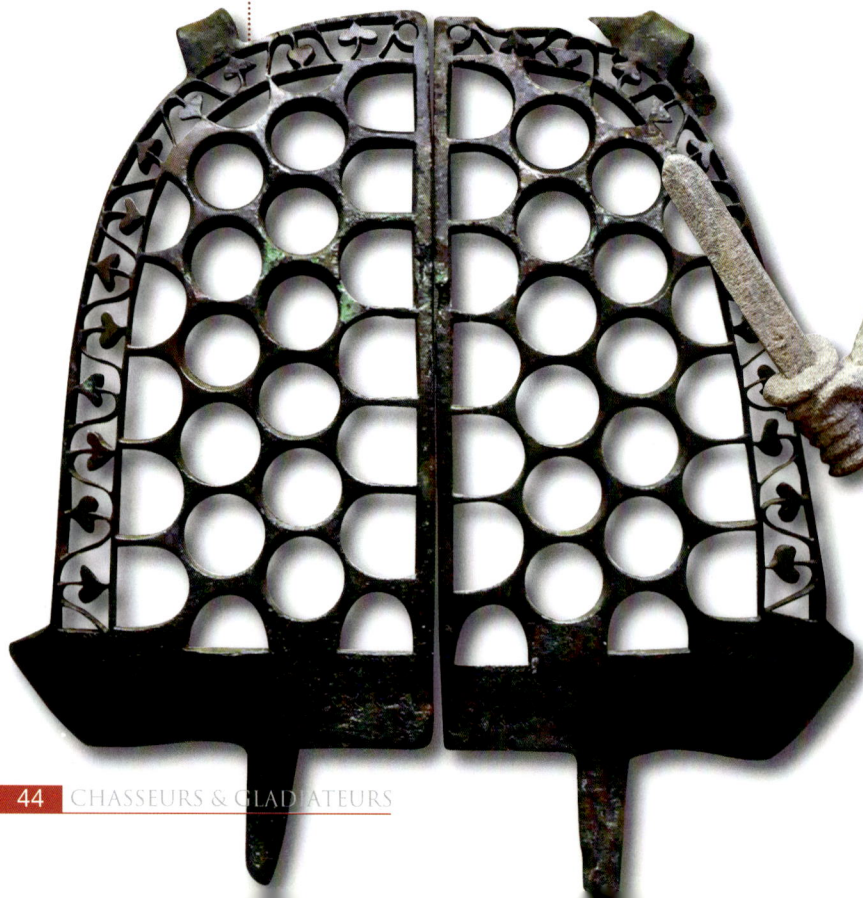

La « chanson de Festus », chantée par le rétiaire au cours de sa lutte insidieuse avec le mirmillon, dit en substance : *« Ce n'est pas toi que je poursuis c'est le poisson, pourquoi me fuis-tu Gaulois ? »*. Et c'est ce poisson, le fameux « morme » nommé *mormillo* par les Romains, qui aurait donné son nom au *murmillo*.

Ainsi, entonnant cette célèbre comptine, le rétiaire/pêcheur muni de son attribut emblématique chercherait à capturer la décoration pisciforme placée sur le casque de son adversaire. Autant dire que, si la tête est prise dans le filet, la mort n'est pas loin.

Or, nous pouvons difficilement imaginer comment un *murmillo* affublé d'une telle coiffure de métal pourrait affronter un *retiarius*. Hormis un casque recréé par le peintre pompier **J.-L. Gérôme**, pour sa toile intitulée *Pollice uerso*, aucune source iconographique ne montre la tête du mirmillon surmontée d'une telle protection. Quel gladiateur serait assez idiot pour porter un casque qui le condamnerait à une défaite certaine ?

L'anecdote révélée par cette chanson est-elle alors une ineptie ? Peut-être pas, si l'on considère une seconde étymologie qui, elle aussi, fait le lien entre le mirmillon et l'eau. En effet, le nom de *murmillo* pourrait provenir du mot grec *murmoros* qui signifie le poisson. Ajoutons à cela que le morme est un poisson osseux qui vit en zone littorale très côtière sur des fonds sableux peu profonds et on tient là l'adversaire attitré d'un pêcheur patenté comme le rétiaire. Par ailleurs, le sable de l'arène permet de rappeler l'habitat naturel du morme/*murmillo*. Un gladiateur dont le nom, selon nous, ne doit pas être rapproché étymologiquement de la murène ou de la muraille, deux termes qui serviraient pour certains, à comprendre l'une de ses caractéristiques techniques consistant à attendre, bien protégé derrière son bouclier, avant de frapper.

Un mirmillon est clairement identifié sur une stèle du IIe siècle ap. J.-C. découverte en 1978 à Aquilée. Ce bloc funéraire, élevé en mémoire du « *myrmillonis Quintus Sossius Albinus* », montre distinctement les attributs caractéristiques de cette *armatura*. Ce combattant maintient un imposant bouclier rectangulaire incurvé, un long glaive, une petite – mais robuste – *ocrea* à la jambe gauche, ainsi qu'un casque à panache portant une visière parsemée de trous très proche d'une grille de protection conservée au British Museum. Pas sûr qu'avec ces attributs, il puisse facilement battre un *retiarius* très véloce muni d'un filet. Ce panache emplumé semble poser autant

Le **mirmillon** *Quintus Sossius Albinus*, bas-relief, IIe siècle ap. J.-C., **Aquilée** (Italie). (photo Damien Bouet, Museo Archeologico Nazionale, Aquilée.)

de problèmes qu'une décoration en forme de poisson ou qu'un imposant cimier à l'image de celui qui surmonte un casque retrouvé en Italie et dont le poids avoisine les 3,5 kg.

Pour cette raison, d'autres adversaires comme le thrace ou l'hoplomaque ont progressivement été choisis pour s'opposer à l'*armatura* des mirmillons. Si dans les premiers temps de la réforme augustéenne, le mirmillon devait apparaître comme un adversaire privilégié du rétiaire, ce n'est plus du tout le cas à partir de la fin du Ier siècle ap. J.-C. L'alourdissement de sa panoplie et le développement important des décorations sur son casque ne permettent plus un combat équilibré contre un gladiateur au trident très mobile et particulièrement endurant.

En effet, dès les origines, le « jeu de la poursuite » semble constituer la base de l'opposition technique entre le rétiaire et ses adversaires. Un texte de **Quintilien**[51] est très éclairant sur ce point et prouve que le mirmillon doit, lui aussi, être considéré comme un véritable *contra-retiarius* : *"Un mirmillon poursuivait un rétiaire et ne le frappait pas : il veut le prendre vivant dit Pedo"*. Cette phrase traduit parfaitement l'engagement soutenu du mirmillon dans sa rivalité contre le rétiaire. Ici, le gladiateur au trident vient sans doute de perdre son filet et doit fuir pour se soustraire à la charge de son poursuivant.

Finalement, il convient de reconsidérer la panoplie du mirmillon en fonction de l'adversaire qu'il affronte. Tout indique que, lors d'une lutte contre le rétiaire, le mirmillon choisira un casque moins protubérant et donc mieux adapté à son type de combat. L'analyse de certaines images observées sur des vases en céramique sigillée permet même de supposer que le mirmillon pouvait lutter à visage découvert. Des considérations d'ordre physiologique expliquent sans doute ce choix stratégique. Sans visière de protection qui couvre – même partiellement – les yeux, le nez et la bouche, l'oxygénation s'avère facilitée et l'endurance du mirmillon est décuplée.

L'essoufflement rapide du *secutor*, l'autre poursuivant opposé au rétiaire, peut donc s'expliquer par l'usage d'un casque enveloppant très contraignant, muni de petites ouvertures oculaires qui restreignent considérablement sa perception en limitant sa respiration. C'est précisément cette caractéristique morphologique du casque qui semble distinguer le *secutor* du mirmillon.

[51] *De l'Institution oratoire*, VI, 3, 61.

Casque de *secutor*, figurine en bronze, Italie, IIe siècle ap. J.-C. (photo Damien Bouet, British Museum, Londres.)

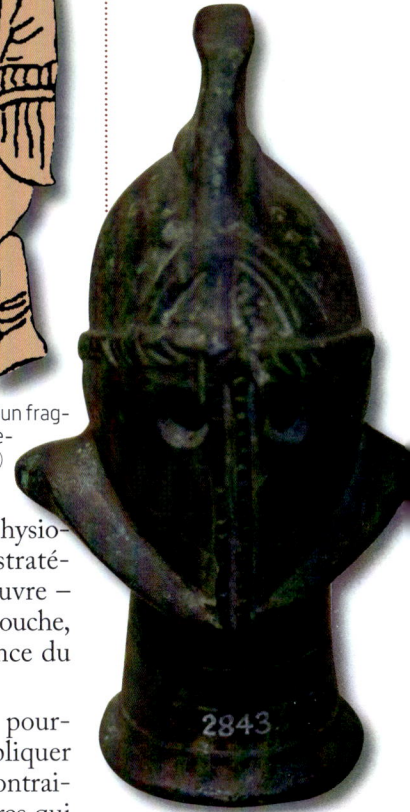

Rétiaire contre mirmillon, Ier siècle ap. J.-C., dessin d'un fragment de céramique sigillée de l'atelier de La Graufesenque (France). (DAO Damien Bouet, d'après K. Kazek.)

Pollice verso, huile sur toile, Jean-Léon Gérôme, 1872. (Phoenix Art Museum.)

Le *secutor*
le nouveau poursuivant

Étymologiquement, le mot *secutor* signifie « celui qui poursuit ». À l'image de son proche cousin mirmillon, le *secutor* est donc un poursuivant spécialisé dans la lutte contre le rétiaire. Cette opposition d'un nouveau genre apparaît probablement à partir du règne de **Caligula** comme en témoigne **Suétone**[52] au sujet d'un affrontement entre cinq *retiarii* et cinq *secutores* qui tourne à l'avantage d'un rétiaire vêtu d'une tunique. À l'instar du couple thrace/mirmillon, cet appariement entre le combattant au filet et le *secutor* va connaître un immense succès et perdurer jusqu'à la fin du phénomène gladiatorien.

Certains auteurs ont cru voir, dans ce nouvel opposant, un *contra-retiarius*, terme qui apparaît dans les inscriptions sous cette forme : $> RET$[53]. Un monument retrouvé à Tatarevo en Bulgarie mentionne encore un *pulsator* (celui qui frappe) figuré sous les traits d'un individu dont l'équipement – augmenté d'une deuxième *ocrea* – est très proche de celui du *secutor*. Notons enfin que le *scissor* (celui qui tranche) un gladiateur armé d'un manchon en demi-lune – et portant exactement le même casque que le *secutor* – peut, lui aussi, lutter contre le rétiaire et être, ainsi, désigné comme *contra-retiarius*.

Pour cette raison, on peut se demander si les termes *pulsator* et *scissor* renvoient à une technique de combat utilisée par le *secutor* muni d'un armement spécifique ou bien, si de nouvelles catégories de gladiateurs ont pu naître des expérimentations panoplitiques du *secutor*.

Une mosaïque messine de la Iʳᵉ moitié du IIIᵉ siècle ap. J.-C. donne une image fragmentaire, mais néanmoins solide, d'un *secutor* nommé **Prudens**. Bien que toute la partie inférieure du corps ne soit plus visible, le casque apparaît distinctement comme d'autres éléments de sa panoplie. On y découvre une coiffure en métal peu protubérante surmontée d'un cimier arrondi qui enveloppe la totalité de la tête, une *manica* (brassard) protégeant le bras droit, ainsi que la bordure supérieure d'un *scutum*.

Secutor Prudens,
mosaïque, **Metz** (France), IIIᵉ siècle ap. J.-C.
(photo Musée de la Cour d'Or, Metz Métropole.)

Secutor,
terre cuite,
Iᵉʳ–IIᵉ siècle ap. J.-C.
(photo Georges Bernage,
Staatliche Antiken-
sammlungen, Munich.)

[52] *Vie des douze
Césars*, Calig XXX.
[53] *CIL. VI*, 631, 10180.

Combat entre un *secutor* et un *retiarius*,
le *rudis* est représenté [à gauche], stèle funéraire,
Éphèse (Turquie). (photo Carole Raddato, Efes Müzesi, Selçuk.)

Évocation d'un *Secutor*.
(photo Pax Adgusta.)

Casque de *Secutor*
au pied d'un trophée,
d'après le dessin d'une
vignette de la mosaïque
des promenades de
Reims (France). (photo
Musée Saint-Rémi, Reims.)

Casque de *Secutor*
Pompéi (Italie),
Iᵉʳ siècle ap. J.-C.
(photo *Wikimedia
Commons*.)

Evocation d'un *Secutor*.
(photo *Pax Augusta*.)

Avec la petite *ocrea* portée à la jambe gauche –
qui n'apparaît plus ici – et l'usage du *gladius*, nous
sommes face à l'archétype de ce combattant tel
qu'il figure sur la plupart des sources iconographiques en notre possession. Une statuette en
terre cuite, conservée au musée de Munich, donne une bonne idée de l'emplacement de l'ensemble de son équipement.

L'importance du casque

À première vue, le casque apparaît réellement
comme l'élément principal de cette *armatura*.
Son originalité tient à la présence d'un cimier
arrondi qui constitue une innovation majeure.
Cependant, la fréquence de ce modèle de casque
n'exclut pas l'existence d'autres protections aux
formes moins usitées comme en témoignent certaines vignettes de la mosaïque rémoise des Promenades. En effet, sur ce pavement daté du début
du IIIᵉ siècle ap. J.-C., bien connu grâce aux dessins de M.-E. Deperthes, trois casques de *secutor* différents apparaissent.

Secutores au combat d'après le dessin
d'une vignette de la mosaïque des promenades de **Reims**
(France). (photo Musée Saint-Rémi, Reims.)

Le premier est porté par un gladiateur équipé de pied en cap qui s'oppose à un ours, preuve supplémentaire s'il en est, que cette *armatura* pouvait intervenir dans le cadre d'une *venatio* contre des animaux. Ici, outre la teneur de cet affrontement singulier, le casque est en tout point identique au type traditionnel utilisé par le *secutor* opposé au rétiaire.

Le second casque, figuré au pied d'un trophée d'armes, semble esquisser les prémices d'une évolution de la calotte et du cimier. La crête descend jusqu'à l'arrière de la nuque, alors que la partie avant adopte une forme beaucoup plus pointue et moins arrondie. Ce nouvel exemplaire ne manque pas de rappeler le bacinet à « bec de passereau » des chevaliers du Moyen-Âge dont le mézail, caractérisé par une pointe aigüe, a pour fonction d'encaisser le choc des armes et de dévier les coups portés par l'adversaire.

Enfin, un dernier exemplaire dévoile le casque d'un *secutor* dont la crête semble avoir totalement disparu. Sur ce spécimen, la calotte ovoïdale s'allonge vers l'arrière et donne une morphologie tout à fait singulière à ce combattant.

Ces trois modèles semblent trouver un écho particulier sur la mosaïque Borghèse qui représente la lutte de plusieurs rétiaires contre des *secutores*. Ce pavement, réalisé un siècle après celui de Reims, dévoile une gladiature extrêmement violente où la mort est omniprésente. Outre la présence récurrente de nombreux trépassés, ce sont surtout les casques portés par les *secutores* qui attirent notre attention. Trois formes différentes sont utilisées par les combattants au *scutum*. L'une est semblable au casque typique de cette *armatura* avec des ouvertures oculaires et une petite crête, tandis qu'un autre, sans cimier, évoque la calotte de Reims. Enfin, un dernier modèle dévoile un casque surmonté d'un haut cimier pointu et habillé d'une visière parsemée de trous. Ces exemples, pris à un siècle d'intervalle, prouvent que la constante panoplitique du *secutor* est toute relative et que, comme pour d'autres catégories de gladiateurs, des modifications et/ou des adaptations de l'armement ont largement pu être envisagées au fil du temps.

Dans le cadre d'un appariement classique entre un *retiarius* et un *secutor*, on peut supposer qu'une petite crête ou une calotte ovoïde permettront d'évacuer plus aisément le filet dans le but de prolonger la lutte et le suspense[54]. De la même façon, un casque avec une partie faciale moins arrondie servira probablement à dévier les coups répétés du trident. Enfin, une visière parsemée de trous favorisera une meilleure oxygénation tandis que la présence d'une crête pointue servira à percuter l'adversaire.

Deux exemples de jambières de *Secutor* Ier siècle ap. J.-C. Le *Secutor* ne porte qu'une jambière à la jambe gauche. (photo Damien Bouet, Musée du Louvre, Paris.)

Figurine de *Secutor*, manche de couteau en ivoire, Cologne (Allemagne), Ier siècle ap. J.-C. (photo Damien Bouet, Römisch-Germanisches Museum, Cologne.)

Combat entre un *Secutor* [à gauche] et un *Retiarius* [à droite], gourde sigillée, Cologne (Allemagne), Ier siècle ap. J.-C. (photo Damien Bouet, Römisch-Germanisches Museum, Cologne.)

[54] Il faudra pour cela que le *secutor* gère son oxygénation en maitrisant son souffle.

Le *secutor* : adversaire attitré du rétiaire ?

Combat entre un *Secutor* et un *Retiarius*, manche de couteau en ivoire.
(photo Jen Vermeersch, Musée Gallo-Romain de Tongeren.)

Combat entre un *Secutor* et un *Retiarius*.
(photo *Amor Mortis*.)

À l'instar d'autres catégories, on peut se demander si le *secutor* lutte exclusivement contre un seul type d'adversaire – le rétiaire dans son cas – ou s'il peut s'opposer à des *armaturae* différentes. Comme nous l'avons illustré avec l'exemple de la mosaïque de Reims, qui montre l'opposition entre un *secutor* et un ours, on peut supposer que ce gladiateur puisse être apparié à d'autres participants.

S'il ne fait aucun doute qu'il ne combat jamais face à un *parmatus*, c'est-à-dire à un gladiateur utilisant la *parma*, l'iconographie d'une mosaïque retrouvée en Angleterre laisse penser qu'il lui arrive de se heurter à un *scutatus*. C'est ce que semble illustrer un pavement mis au jour à Eccles dans le Kent (Angleterre) sur lequel figure un *secutor* affrontant son semblable. Malgré des restaurations importantes, ce face-à-face inhabituel doit nous amener à reconsidérer la place du *secutor* dans les spectacles de l'amphithéâtre. Bien que les sources archéologiques montrent communément l'image d'un *secutor* opposé à son rival attitré, le rétiaire, d'autres possibilités d'appariement semble pouvoir exister. Il convient donc de ne pas les négliger.

Malgré tout, c'est bien la lutte farouche de l'homme au trident et du gladiateur casqué qui attise toutes les curiosités au temps de l'apogée de la gladiature à tel point que le couple rétiaire/*secutor* semble être la seule appariation bénéficiant d'une mise en scène plus élaborée dans le cadre du *munus*.

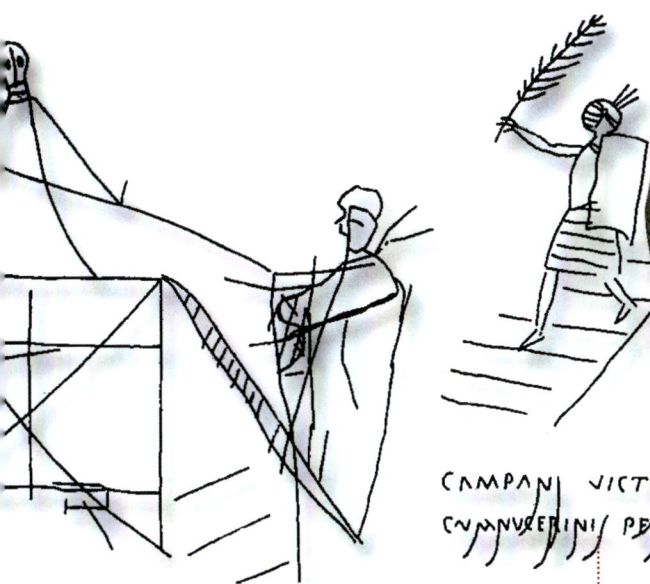

Pontarii, graffiti, Iᵉʳ siècle ap. J.-C, **Pompéi** (Italie).
(DAO Damien Bouet, d'après K. Kazek.)

Les *Pontarii*
des gladiateurs plus expérimentés ?

Une inscription pompéienne, aujourd'hui perdue, relate un spectacle offert par **Aulus Clodius** au cours duquel trois paires de *Pontarii* ont été opposées[55]. Un graffiti du milieu du Iᵉʳ siècle ap. J.-C., lui aussi découvert à Pompéi, donne une idée de l'aménagement qu'il fallait mettre en place pour accueillir ce genre de représentation. On y décèle une estrade sur laquelle est placé un rétiaire qui repousse avec son trident, représenté très schématiquement, son adversaire qui arpente un plan incliné. Derrière eux, descendant les marches d'un *podium*, un troisième combattant armé d'un bouclier brandit une palme de la victoire. D'autres images de cet assaut peu commun sont connues grâce à l'iconographie de certains médaillons d'applique lyonnais. L'un d'entre eux, signé du maître potier **Félix**, montre un *secutor* à terre sur lequel viennent d'être lancés plusieurs projectiles ronds. À ses côtés, gravissant les traverses d'une échelle dont l'extrémité aboutit à une plate-forme cubique, son compatriote semble mieux maîtriser sa progression.

Dans ce genre de construction iconographique, la position privilégiée du rétiaire doit-elle être mise en lien avec son originalité ethnique et symbolique ? Ce gladiateur peut-il d'ailleurs être appelé *pontarius*, alors qu'il se trouve en position de force sur une estrade qu'il défend fermement ? Ce « jeu du pont » ne manque pas de raviver le souvenir de la tradition médiévale qui met parfois en scène de preux et habiles chevaliers gardiens d'ouvrages très similaires.

Les gladiateurs au sol qui s'essaient à ce genre de prouesses doivent redoubler d'efforts pour arriver à leur fin. C'est comme si, en passionnés de poliorcétique, ils se lançaient dans un siège long et compliqué qu'ils savent perdu d'avance ! Nous pouvons supposer que seuls les gladiateurs les plus valeureux et les plus expérimentés étaient capables d'aboutir dans cette quête.

Le choix du *secutor* comme « combattant du pont » ajoute un peu plus à l'originalité de cette catégorie, dont les avatars pourraient être nombreux.

Pontarii, relief, IIᵉ-IIIᵉ siècles ap. J.-C, Turquie. (photo Egisto Sani, Casa Venata, Trieste.)

[55] *CIL*. X, 1074.

Pontarii, bas relief, IIᵉ - IIIᵉ siècles ap. J.-C, **Kibyra** (Turquie). (photo Carole Raddato, Burdur Museum.)

Pontarii, médaillon en terre cuite, Iᵉʳ siècle ap. J.-C, **Cavillargues** (France). (photo Damien Bouet, Musée de la Romanité, Nîmes.)

Evocation d'un *Scissor*
(photo Pax Augusta.)

Sur les traces du *Scissor* et du *Dimachaerus*

Tout ou presque a été dit sur le terme *scissor*. Certains ont cru voir dans l'appellation *dimachaerus*, le nouveau nom du *scissor* à partir de la fin du Ier siècle ap. J.-C., tandis que le mot *arbelas* aurait pu servir à nommer ce gladiateur dans la partie grecque de l'Empire. À vrai dire, nous avons bien du mal à envisager ces hypothèses. Pourquoi seul le *scissor* bénéficierait-il d'une dénomination différente en Orient, alors que toutes les autres *armaturae* conservent un nom unique ? Comment surtout le *dimachaerus* pourrait renvoyer au seul *scissor*, alors que l'étymologie de son nom précise, sans détour, une pratique possible du combat gladiatorien, celle de l'usage d'une arme dans chaque main ?

En effet, le terme *machaera* renvoie aux mots *couteau* ou *glaive* et le préfixe *di* indique l'utilisation de deux attributs. Il est donc généralement admis que le *dimachaerus* utilise deux glaives pour se défendre. Par extension, ce terme a été détourné pour expliquer que ce gladiateur lutte avec les deux mains armées. Le *scissor* qui se bat à l'aide d'un manchon conique terminé par une demi-lune aiguisée au bras gauche et qui se sert d'un glaive avec sa main droite répondrait donc parfaitement à cette définition.

Nous objectons que tous les gladiateurs ont les deux mains armées, qu'ils utilisent un bouclier ou un filet en plus de leur attribut principal. Alors que l'étymologie de son nom semble très claire, certains auteurs affirment qu'un gladiateur *dimachaerus* brandissant deux glaives serait bien incapable de tenir tête à un adversaire muni d'un bouclier ou d'un trident. Précisons simplement que le *scissor* ne porte pas non plus de bouclier et qu'il n'a, pour assurer sa défense, qu'un simple glaive et son fameux manchon à bout tranchant.

Pourquoi donc ce qui fonctionne pour le *scissor* ne conviendrait pas pour un combattant aux *gladii* ?

Il est vrai que l'iconographie est avare de représentations concernant ce gladiateur et que l'épigraphie n'apporte pas plus d'éléments plausibles quant à sa panoplie. Une inscription funéraire de Lyon[56] évoque pourtant un *dimachaerus*, preuve, s'il en est, que ce dernier a réellement existé et qu'il était assez entraîné pour pouvoir combattre dans deux catégories :

"Aux dieux mânes et à la mémoire éternelle d'Hylatis dimacherus ou essedarius, ayant reçu la rudis après avoir été vainqueur dans sept combats. Sa femme Ermais a fait élever ce monument à son très cher époux et l'a dédié sous l'ascia".

Ce texte permet de relativiser le caractère « bas de gamme » trop souvent attribué au dimachère, un combattant qui semble exceller dans la lutte aux glaives comme dans le combat au petit bouclier et à la lance. Notons que la seule représentation de l'essédaire dévoile ce combattant en lutte contre un félin. Faut-il alors voir dans le *dimachaerus* un gladiateur spécialisé dans la lutte contre des animaux ? À l'image des *paegniarii* luttant, pour certains d'entre eux, avec deux bâtons, ce gladiateur atypique incarnerait une forme différente de combat et n'aurait donc absolument rien à voir avec le *scissor*.

Quand bien même le *dimachaerus* serait un vrai gladiateur opposé à un autre combattant, son avantage reposerait sur sa motricité, sa grande agilité et sa force de frappe. En effet, muni de deux *gladii*, il pourrait très facilement contrarier les offensives d'un hoplomaque ou d'un thrace munis d'un petit bouclier en projetant les lames de ses armes pour frapper de taille. Notons que l'escrime italienne de la Renaissance permet un combat à la dague et à l'épée avec des attaques et des défenses très complexes comme en témoigne le traité de **Giacomo Di Grassi** publié à Venise en 1570 intitulé *Ragione di adoprar sicuramente l'Arme, si da offesa come da difesa*. Pour cette raison, nous pensons que l'existence d'un gladiateur maniant deux glaives paraît tout à fait rationnelle et que l'absence de sources iconographiques à son sujet ne suffit pas à discréditer la thèse de son existence.

Sur ce point, l'exemple de l'*andabata* va absolument dans ce sens. Selon **Varron**, ce gladiateur connu dès l'époque de **César** avait pour particularité de combattre les yeux bandés.

Pour cette raison, sa réalité a régulièrement été mise en doute par la communauté scientifique. D'ailleurs, les sources iconographiques sont longtemps restées muettes à son sujet confortant les plus sceptiques dans leurs certitudes.

Or, la découverte du gobelet de Chrysippus a permis de reconsidérer l'approche généralement admise. En effet, sur la paroi de cette céramique, deux gladiateurs, appartenant à la même *armatura*, luttent face à face, tête relevée, et utilisent comme attribut une clochette et ce qui semble être un *gladius*.

[56] *CIL.* XIII, 1997.

Lutte entre deux *Andabatae*, Ier siècle av. J.-C., détail du gobelet de **Chrysippus**.
(DAO Damien Bouet, d'après K. Kazek.)

La présence de cet instrument de musique, dans la main des protagonistes, a permis de proposer l'hypothèse de gladiateurs rendus aveugles d'une quelconque manière que ce soit, dans le cadre d'un affrontement très particulier au cours duquel d'autres sens devaient être mis en éveil.

Ce nouvel exemple pousse à relativiser notre analyse parfois trop pragmatique de la gladiature. Certes, l'expérimentation archéologique apporte des éclairages très probants sur cette discipline au sein de laquelle un combattant rendu aveugle ne semble pas avoir sa place. Ce serait oublier les fonctions essentielles de ces spectacles : le divertissement populaire, le plaisir des foules, l'émerveillement et, sans doute, beaucoup de voyeurisme.

Qu'il y ait une réalité « sportive » et « technique » de la gladiature paraît désormais un fait établi et incontournable. Plusieurs études très sérieuses menées en Italie (Dario Battaglia, *Istituto Ars Dimicandi*), en Allemagne (Marcus Junkelmann) et en France (Brice Lopez, *Acta expérimentation*) ont considérablement modifié notre approche du sujet en insistant sur l'importance de l'équilibrage des forces dans une appariation à travers une sélection réfléchie d'armes qui donneront sa spécificité technique à chacun des gladiateurs.

Cependant, mais nous reviendrons sur cette question fondamentale, il n'est pas non plus raisonnable de considérer la totalité des exhibitions de l'arène, et donc la gladiature elle-même, comme des spectacles absolument encadrés, parfaitement codifiés et naturellement maîtrisés de bout en bout.

[57] *CIL.* IX, 466.

Considérant cette approche, la possibilité de voir lutter un *secutor* contre un fauve peut s'envisager, comme peuvent s'envisager des mises en scène beaucoup plus cruelles mettant aux prises un ou plusieurs gladiateurs. C'est là que les *pontarii*, les *andabatae*, les *dimachaerii* ou les *essedarii* entrent en scène. Le lieu original de leur affrontement (échelle et estrade), les obstructions physiques qui caractérisent leur catégorie (aveuglement), leur particularité technique qui peut paraître hors contexte et hors contrôle (lutte à l'aide de deux glaives) ou la manière dont ils se déplacent dans l'arène (sur un char) sont autant d'artifices et d'effets scénographiques qui concourent à l'attractivité du spectacle et la déconstruction des normes préétablies.

L'origine « orientale » du *scissor* ?

S'agit-il d'un combattant d'excellence, d'une invention caractérisant une forme d'aboutissement technique de la lutte entre le *secutor* et le rétiaire ou d'un simple *secutor* utilisant un autre type d'armement ?

Comme pour le terme *pulsator* que nous avons mentionné, celui de *scissor* renvoie peut-être à un trait propre au *secutor* muni d'un armement spécifique et protégé par une sorte de longue tunique d'écailles, la *lorica squamata*.

La rareté des sources écrites au sujet de cette catégorie interpelle. L'inscription de Vénusia en Apulie[57] figure comme l'une des rares occurrences donnant le nom du *scissor* aux côtés de celui de l'*oplomachus*, du *murmillo*, du *samnes*, du *gallus*, de l'*eques*, du *thraex* et du *retiarius*. Le gladiateur cité est un débutant qui porte le nom de *C(aius) Clodius II/ Scisso(r)*. Il appartient au laniste *C(aius) Saluius Capito*.

Hormis cette mention « scisso » qui renvoie à un combattant qui tranche ou qui découpe, rien ne permet vraiment de mettre en relation cette appellation avec une panoplie précise. Par extension, on a vu dans le manchon conique en forme de demi-lune figuré sur quelques stèles « orientales » l'attribut principal du *scissor*. Mais cela reste une simple supposition.

En son temps, Louis Robert évoquait un gladiateur suréquipé muni d'une *galea* semblable à celle du *secutor*, d'une cotte (la *lorica*), de deux *manicae*, de deux *ocreae*, d'un *pugio* et d'un manchon tranchant. Il s'agit de toute une série d'armes qui pourraient servir à un combattant *scissor* ou à un *secutor/scissor*. Quelques reliefs découverts en Europe du sud donnent l'image d'un combattant regroupant l'ensemble de ces attributs sans que la mention *scissor* n'apparaisse. Il s'agit de la stèle de **Myron** datée des IIᵉ-IIIᵉ siècles ap. J.-C. provenant de Turquie, d'un bas-relief de même époque retrouvé dans la ville de

Scissor au combat, bas-relief, **Halicarnasse** (Turquie), IIᵉ-IIIᵉ siècle ap. J.-C. (photo Jona Lendering, Bodrum Kalesi.)

Tomis près de Bucarest (Roumanie), d'une représentation du Ier siècle ap. J.-C. conservée au musée de Split (Croatie) à l'effigie du gladiateur **Honesimus** et d'un bloc sculpté du IIe siècle ap. J.-C. mis au jour à Véria (Béroia antique) en Macédoine-Centrale, sur lequel figure le combattant **Neikephoros**, littéralement « celui qui apporte la victoire ».

Ces différentes découvertes ont été effectuées dans une zone géographique qui, à l'époque romaine, correspond aux provinces de Pannonie, de Dalmatie, de Mésie, de Dacie, de Thrace et à une partie de l'Anatolie, c'est-à-dire à des territoires situés dans la partie orientale de l'Empire. Pour cette raison, nous pourrions croire que la fréquence de ce gladiateur en ces lieux résulte d'une caractéristique régionale de la gladiature.

Au même titre que le *crupellarius*, combattant totalement cuirassé, dont **Tacite**[58] évoque l'existence en 21 ap. J.-C., à Autun, en Gaule, dans le cadre de la révolte menée par l'Éduen **Julius Sacrovir**, le *scissor* incarnerait une sorte de « spécialité locale » du combat gladiatorien. Il serait toutefois péremptoire d'affirmer que cette *armatura* a été inventée dans la partie grecque de l'Empire. Pour deux raisons au moins : l'existence de l'inscription de Vénusia en Italie du sud qui ancre ce gladiateur dans une tradition bien romaine de la gladiature et l'absence d'un véritable engouement populaire pour cette discipline en pays hellénisés, notamment en Mésie et, surtout en Dacie, où les populations sont essentiellement de type rural.

Certes, Louis Robert[59] a bien souligné que « *les combats de gladiateurs, d'origine romaine, ne sont pas restés, dans l'Orient grec, une coutume romaine réservée aux Romains établis là* », mais on voit mal comment des peuples, pour certains, peu confrontés au phénomène des jeux de l'amphithéâtre auraient pu imaginer leur propre catégorie de gladiateurs[60]. Il n'en demeure pas moins que le *scissor* ou, plus justement, le gladiateur au manchon, a connu « *une popularité relativement importante dans le monde oriental*[61] » à tel point qu'il aurait pu changer de nom au contact des Grecs pour donner naissance au gladiateur *arbelas* décrit par **Artémidore**[62]. Cette nouvelle apellation découlerait de l'étymologie du terme *arbelas*, un mot qui tirerait son nom du tranchet de cordonnier dont la forme est comparable à la terminaison du manchon. Or, aucune source sûre ne permet de confirmer ce glissement du *scissor* occidental vers l'*arbelas* oriental.

Reste donc un combattant suréquipé et armé des deux mains qu'on voit lutter contre un rétiaire sur le relief de Tomis. Un gladiateur qui, pour cette raison, mérite, selon nous, l'épithète de *contra-retiarius*.

Scissor au combat, bas-relief, **Hiérapolis** (Turquie), IIIe siècle ap. J.-C. (photo Carole Raddato, Hierapolis Arkeoloji Muzesi, Denizli.)

Cruppélaire, bronze, Versigny, Ier siècle ap. J.-C. (photo Musée Jeanne d'Aboville, La Fère.)

[58] *Annales*, III, 43, 45, 46.
[59] Robert 1941.
[60] On peut éventuellement objecter que, dans ces régions, la création d'une *armatura* nouvelle a pu se concevoir au contact des militaires. Nous savons que sur ces territoires l'empereur, et/ou son représentant, ont financé des spectacles de l'amphithéâtre dans les camps et les villes de garnison et que l'engouement des soldats pour ces exhibitions était très fort.
[61] Teyssier 2009, p.163.
[62] *Onirocriticon*, II, 34.

Manchon de *scissor*. (photo *Pax Augusta*.)

Casque pouvant être utilisé par un **hoplomaque**, bronze, Italie, Ier siècle ap. J.-C. (photo Damien Bouet, British Museum, Londres.)

Jambières **d'hoplomaque**, Italie, Ier siècle ap. J.-C. (photo Damien Bouet, Musée du Louvre, Paris.)

L'*oplomachus*[63], le véritable gladiateur inspiré de l'Orient…

À l'inverse du *scissor*, l'hoplomaque est le gladiateur qui semble évoquer le mieux la tradition militaire grecque. Sa panoplie, constituée de deux hautes *ocreae*, d'un petit bouclier rond et d'une *hasta* (lance) renvoie indéniablement aux guerriers de la Grèce classique de type hoplitique ou aux héros de l'*Iliade* parés de cnémides (jambières), d'une lance, d'un casque à cimier et d'une épée courte (*xiphos* ou *machaira*).

Pourtant, à la différence de l'hoplomaque, ces combattants utilisent toujours un bouclier très grand, l'*aspis koilè* (bouclier creux), allant parfois jusqu'à avoisiner les un mètre de diamètre, ce qui n'est jamais le cas de ce gladiateur. Pour cette raison, il paraît bien difficile de définir cette *armatura* comme une catégorie de tradition ethnique et hellénique.

D'ailleurs, l'inscription de Venusia – déjà citée au sujet du *scissor* – est la plus ancienne mention épigraphique qui renseigne sur l'hoplomaque. Elle place son « invention » au temps d'**Auguste**, à un moment où la gladiature subit d'importants changements structurels.

Tel un écho lointain aux héros mythologiques, faut-il voir dans la création de ce combattant une volonté de faire revivre une tradition très ancienne du combat à la lance ? Dans cette perspective, l'hoplomaque, qui naît de l'évolution panoplitique du *thraex*, doit-il être considéré comme un jalon matérialisant une césure entre gladiature ethnique et gladiature classique ?

Force est de reconnaître que les sources littéraires sont très avares de renseignements sur cette catégorie. **Suétone**[64] apparaît comme l'un des rares auteurs à fournir une information recevable sur ce gladiateur. Il dit en ces termes, parlant d'un certain **Aesius Proculus** : « *qu'il fut enlevé de sa place par l'empereur Caligula, puis traîné dans l'arène où il dut combattre d'abord un* thraex, *puis un gladiateur armé de toutes pièces* », qu'il nomme hoplomaque. **Martial**[65], quant à lui, dans son éloge du célèbre **Hermès**, parle d'un combattant « *magnifique avec sa lance* » sans préciser le nom du gladiateur auquel il fait allusion.

Pour cette raison, il nous semble bien difficile d'utiliser ce document malgré les détails très précis qu'il fournit. On apprend en effet, qu'Hermès est savant dans toutes les armes, qu'il est gladiateur et *magister*, c'est-à-dire maître d'armes, qu'il est menaçant avec le trident – preuve qu'il peut aussi combattre avec la panoplie du rétiaire – et qu'il porte parfois un casque mal ajusté, ce qui n'enlève rien à sa bravoure.

[63] Il s'agit de l'orthographe la plus fréquente dans les inscriptions : *CIL*, II, 1739 ; IV, 2508 ; VI, 631 ; IX, 466.
[64] *Vie des Douze Césars*, Caligula, 35
[65] *Épigrammes*, V, 24.

Évocation d'un Hoplomaque
(photo Pax Augusta.)

Si la lance est bien l'arme emblématique de l'hoplomaque, notons qu'elle peut, aussi, être utilisée par l'*eques*, un gladiateur à cheval luttant contre son semblable. De plus, Martial précisant qu'Hermès est *doctor* (instructeur) au sein du *ludus* et qu'il est « *tout à lui seul et trois fois unique* », il est tout à fait recevable de penser qu'il a gravi tous les échelons du *cursus* de la gladiature, partant du niveau de combattant débutant pour arriver à maîtriser toutes les armes et toutes les techniques de combat.

Est-ce cette idée que Martial expose lorsqu'il décrit l'usage de la lance, avant même l'usage du trident et du casque, voulant insister par-là sur la carrière remarquable d'Hermès qui a naturellement commencé par la catégorie des *eques*, pour évoluer ensuite vers celle, plus technique, des *retiarii* avant de se familiariser au glaive des *armaturae* casquées comme celle du thrace notamment ?

C'est peut-être l'observation de la technique de l'*eques*, de l'originalité au combat du *thraex* et du savoir-faire particulier du rétiaire, qui a pu susciter dans l'esprit des *doctores* et des *manicarii* du *ludus* l'envie de créer un combattant « *armé de toutes pièces* » empruntant sa panoplie et sa technique auprès de différentes *armaturae*.

Hoplomachus, figurine en bronze, IIe siècle ap. J.-C. (photo Carole Raddato, Neues Museum, Berlin.)

Casque précoce d'hoplomache, Italie. (photo Gorekun, Higgins Armory Collection, Worcester.)

[66] Robert 1940, p. 307.
[67] Junkelman 2002, p. 121.
[68] Teyssier 2009, p. 124.
[69] Au corps-à-corps, la forme particulière de ce bouclier permet de percuter l'adversaire.
[70] CIL, IV, 2508.
[71] Combat Hoplomaque-thrace. Victoire de Cycnus, gladiateur *Iulianus* aux neuf combats contre Atticus, gladiateur *Iulianus* aux quatorze combats qui a obtenu sa *missio*.

Hoplomaque,
lampe en terre cuite,
Clermont-Ferrand
(France), Ier siècle ap. J.-C.
(photo Marion Veschambre,
Musée Bargoin, Clermont-
Auvergne-Métropole.)

Louis Robert[66], le premier, a reconnu que l'hoplomaque était un véritable « *gladiateur à la lance* », Marcus Junkelmann[67], quant à lui, précise sa forte parenté avec le *thraex*, tandis qu'Éric Teyssier[68] évoque une proximité technique entre ce combattant et le rétiaire. Finalement, dans cette perspective, l'origine orientale de cette catégorie se limite à sa parentèle avec le *thraex*, duquel elle récupère l'usage des *ocreae*. Car, du point de vue de la technique et de la panoplie offensive, c'est bien la composante romaine de la gladiature qui semble prévaloir.

...ou un super-combattant à la lance ?

La panoplie type de l'hoplomaque se caractérise donc par un casque à large visière surmonté parfois d'une aigrette, un petit glaive ou, plutôt, un *pugio* (poignard), une lance qui lui donne un certain avantage face à ses adversaires (à l'instar du trident du rétiaire), deux jambières de protection et un petit bouclier rond parfois moins bombé que l'arme utilisée par le *thraex*[69]. Une lampe à huile, découverte à Clermont-Ferrand, montre un hoplomaque de profil avec une grande partie de cet équipement.

Sa posture, bouclier avancé et lance prête à être projetée vers l'avant est caractéristique de sa technique de combat. Ici, comme pour le thrace, le genou droit est légèrement replié ce qui permet à l'*ocrea*, au bouclier et au casque d'assurer la protection optimale du corps. Avec l'usage d'une arme d'hast pouvant frapper à distance, l'hoplomaque semble invulnérable.

Bouclier d'hoplomaque,
bronze, Italie, Ier-IIe siècle ap. J.-C.
(photo Damien Bouet, British Museum, Londres.)

Hoplomaque contre Thrace, début du IIe siècle ap. J.-C., fragment de céramique sigillée de l'atelier de **Heiligenberg** (France). (DAO Damien Bouet, d'après K. Kazek.)

Une supériorité au combat face au *thraex* ?

Cette opposition quasi fratricide est connue grâce à une inscription retrouvée à Pompéi[70] qui nous renseigne sur le combat de **Cycnus** et d'**Atticus** :

(H)O(plomachus) T(hraex)

V(icit) CYCNVS IVL(ianus) (pugnarum) VIIII

M(issus) ATTICVS IVL(ianus) (pugnarum) XIV)[71]

La victoire de l'hoplomaque semble être un indice qui accrédite sa supériorité technique sur son adversaire. Un certain nombre de représentations témoignent de cet appariement comme de la supériorité du gladiateur à la lance sur le *thraex* à la *sica*. C'est le cas de plusieurs céramiques sigillées découvertes dans l'atelier de la Graufesenque (Aveyron) qui privilégient l'issue du combat et qui dévoilent un thrace genou à terre face à un hoplomaque victorieux.

Dague de **gladiateur**, fer et poignée en ivoire, **Pompéi** (Italie), Ier siècle ap. J.-C.
(photo Carole Raddato, Museo Archeologico Nazionale, Naples.)

À d'autres occasions, comme aux Martres-de-Veyre (Auvergne), le thrace choisit de fuir devant son opposant malgré l'encombrement de ses *ocreae* qui ne favorisent pas ses déplacements. Enfin, dans l'atelier de Lezoux (Auvergne), lorsqu'ils sont au corps à corps, la stature de l'hoplomaque paraît toujours plus imposante que celle du thrace. Ce dernier semble toujours vaincu, soit dans une attitude d'observation genou fiché dans le sol, soit le dos tourné, la main gauche levée pour demander grâce et le pied gauche posé sur une sorte de piédestal. Notons que sur une grande majorité de scènes, l'hoplomaque lutte essentiellement avec sa dague. Lorsque celle-ci figure dans sa main, au moment de l'issue du combat, on peut supposer qu'elle lui sert à terminer le combat, voire à mettre à mort le vaincu. Cependant, un contre-exemple accrédite l'hypothèse de la lutte à la lance menée jusqu'au terme du combat. C'est ce qui apparaît sur un fragment de sigillée provenant de l'atelier de Heiligenberg (Alsace) sur lequel un hoplomaque armé d'un fin aiguillon tient en respect un thrace muni d'une longue *parma*. Ce dernier, dans l'attitude du penseur, attend impassible la sentence.

L'ensemble de ces exemples traduit bien une opposition qui est inéquitable pour le *thraex*. Face à un hoplomaque bien protégé, utilisant de surcroit une lance qui assure une sorte de « glacis défensif » entre lui et son adversaire, ses chances de victoire sont minces. À l'inverse du *secutor* luttant contre le rétiaire ou du mirmillon opposé à l'hoplomaque, le thrace ne possède pas de grand bouclier qui lui permettrait de bloquer les attaques de l'arme d'hast voire de briser sa hampe. Pire encore, le bouclier rond de l'hoplomaque peut servir à percuter le visage du thrace et causer ainsi des dommages irréversibles.

Un panneau de mosaïque, retrouvé à Augst en Suisse, permet de conforter cette hypothèse de la supériorité technique de l'hoplomaque sur ces adversaires. Cette fois, il est opposé à un *murmillo* dans une très mauvaise posture qui, à l'image du thrace, se voit obligé de fuir sous les assauts répétés du gladiateur à la lance. Acculé, sans armes, il demande grâce en levant l'index[72] de sa main droite dans un geste désespéré. Outre le fait que l'hoplomaque possède toute sa panoplie, c'est surtout son caractère dominant qui interpelle. Cette même sensation de superpuissance transparaît sur un autre pavement découvert à Bad-Kreuznach, en Allemagne, sur lequel un imposant hoplomaque fait face à un mirmillon téméraire qui semble bien vouloir lui tenir tête.

Hoplomaque contre Mirmillon, mosaïque, **Bad-Kreuznach** (Allemagne), IIIe siècle ap. J.-C
(photo Carole Raddato, Römerhalle, Bad-Kreuznach.)

Un rééquilibrage des forces face au mirmillon ?

L'opposition hoplomaque/mirmillon est également connue grâce à l'inscription de Pompéi. Elle est peu représentée sur la céramique sigillée mais montre toujours deux gladiateurs face à face au début du combat. Ici, les deux hommes s'apprêtent à engager la lutte et ils sont présentés sur un pied d'égalité. Nous connaissons encore un médaillon de lampe conservé au Cabinet des Médailles à Paris sur lequel cet appariement est montré d'une manière très originale[73]. On y voit un mirmillon tout équipé dont le geste est équivoque. Placé à droite de la scène, il fait face au spectateur et il est bien difficile de dire si sa posture est menaçante ou s'il réajuste simplement son casque à l'aide de son bras.

Tout indique dans l'attitude de l'hoplomaque soutenu par deux *ministri* (personnel de l'arène), que l'engagement a été extrêmement rude pour les deux gladiateurs et que l'issue du combat est restée indécise. Preuve, s'il en est, que cet adversaire mirmillon donne du fil à retordre à l'homme à la lance. Celle-ci, d'ailleurs, n'apparaît pas dans la composition. A-t-elle été brisée par le *scutum* du *murmillo* ou simplement perdue par l'hoplomaque lors d'une mauvaise manipulation ?

On peut supposer que si cet attribut est conservé sur toute la durée de l'engagement, l'hoplomaque aura beaucoup plus de chance de remporter la victoire face au mirmillon. C'est ce que semble corroborer la mosaïque d'Augst qui insiste sur l'« amplitude offensive » de la lance. Une arme qui permet d'établir ce fameux « glacis défensif » déjà évoqué contre le thrace et qui instaure une distance de sécurité entre les deux combattants comme on peut le voir sur une peinture murale datée du IIe siècle ap. J.-C. retrouvée dans la villa de Mechern-bei-Merzig en Sarre (Allemagne).

La supériorité technique de l'hoplomaque s'explique donc par l'usage de cette arme qui permet d'asséner des coups réguliers et très violents en direction de la partie supérieure du corps. Deux sources archéologiques illustrent parfaitement la prépondérance de la lance et des dégâts qu'elle peut causer au visage. Il s'agit d'une scène de la mosaïque de la villa de Zliten en Lybie et d'une représentation figurée sur un médaillon d'applique conservé à Lyon. Dans les deux cas, le mirmillon, blessé à la tête, est incapable de poursuivre la lutte et se voit contraint de demander l'arrêt du combat à l'arbitre.

Qu'il s'agisse du rétiaire ou de l'hoplomaque, le maniement maîtrisé d'une hampe surmontée d'une ou de plusieurs pointes s'avère être un moyen très efficace d'arriver à ses fins lors d'un appariement. Sur ce point, l'étude de l'*armatura* des *equites* – une autre catégorie de gladiateurs maniant la lance – mérite d'être approfondie et confrontée aux sources en notre possession.

Hoplomaque contre mirmillon, peinture murale, **Mechern-bei-Merzig** (Allemagne), IIe siècle ap. J.-C. (photo Carole Raddato, Museum für Vor- und Frühgeschichte, Saarbrücken.)

[72] Nous reviendrons ultérieurement sur la gestuelle de demande de grâce.
[73] Ville 1981, p.410-411.

Mirmillon blessé, médaillon d'applique en terre cuite, IIe siècle ap. J.-C. (photo Georges Bernage, Musée Gallo-Romain, Lyon.)

FELICIS

Évocation d'un *Eques*.
(photo *Pax Augusta*.)

Les *equites* [74]
de mystérieux *tunicati*

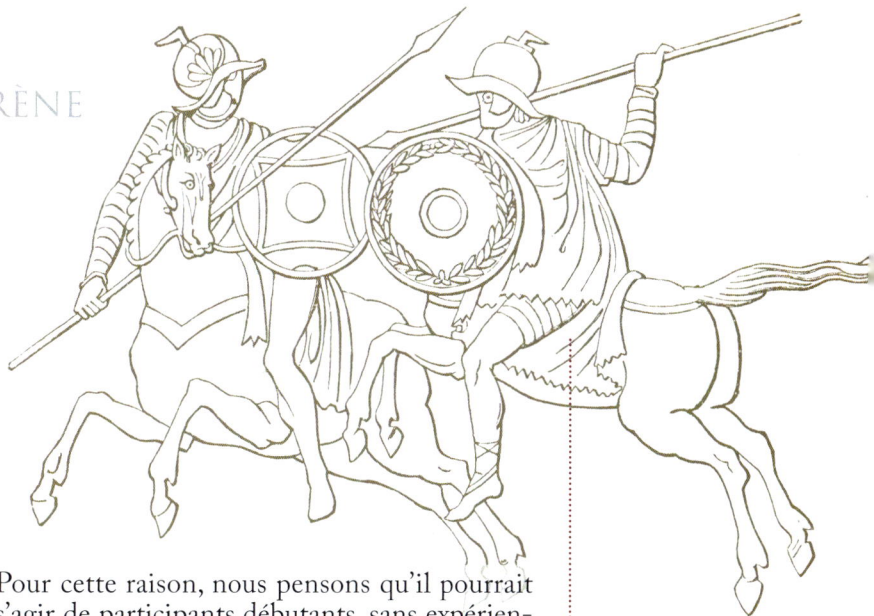

Tout a été dit sur cette catégorie de gladiateurs relativement bien documentée qui apparaît sur plusieurs mosaïques et sur quelques lampes en terre cuite. Issus de l'aristocratie pour certains, combattants mal avisés pour d'autres ou simples gladiateurs de parade, les *equites* posent un certain nombre de questions. À l'instar des *provocatores*, ils combattent toujours entre eux et sont facilement identifiables puisqu'ils portent une tunique et un petit bouclier rond. **Cicéron** en parle brièvement, mais c'est surtout **Isidore de Séville**[75], un ecclésiastique auteur de plusieurs ouvrages encyclopédiques, qui dresse le portrait le plus intéressant de ces protagonistes de l'arène.

Il présente, en effet, les caractéristiques originales de ce combattant lorsqu'il évoque l'univers de la gladiature : *« entre les multiples genres de jeux de gladiateurs, le premier était le jeu équestre. Deux cavaliers, précédés par des enseignes militaires, avançaient sur des chevaux blancs, l'un venant de l'orient, l'autre de l'occident, portant un casque d'or léger et brandissant des armes maniables »*. L'intérêt de ce texte tardif réside dans la mention du rôle équestre de ces gladiateurs qui semblent ouvrir le combat. Or, nous ne savons pas très bien comment tout cela s'organise et quelles sont les réelles prérogatives de ces personnages. Est-ce un lever de rideau qui se solde par un simulacre de combat ? Une joute entre deux combattants armés de lances comme semble l'illustrer quelques sources iconographiques ? Une mise en bouche plus violente et meurtrière avant des échanges plus « techniques » entre des catégories déjà bien établies ?

Sur l'île de Thásos en Grèce[76], un compte rendu de *munus* signale un affrontement de cavaliers débutants. Serait-ce une piste qui permettrait de confirmer le caractère novice de ces participants ? Nous sommes en effet enclins à penser que, dans le cadre de la gladiature, l'usage du cheval en ouverture des spectacles, ne doit pas être compris comme la marque d'une élite sociale de rang aristocratique qui aurait une prééminence sur les autres combattants[77]. De plus, l'utilisation par ces cavaliers de la tunique, dont la connotation est, souvent, très péjorative, semble aller dans ce sens.

Pour cette raison, nous pensons qu'il pourrait s'agir de participants débutants, sans expérience, mais non dénués de bravoure dont la vocation symbolique, sous-entendue par Isidore de Séville, est prégnante. La mise en scène à connotation militaire de leur entrée dans l'arène a peut-être pour but de rappeler le rôle de la cavalerie dans l'armée avec la présence de l'enseigne qui sert à donner le signal du début du combat.

Or, l'aura prestigieuse du chevalier de la République, qui doit le service militaire à cheval (*eques/equo publico*), comme le rôle majeur de la cavalerie légionnaire, sont des usages qui n'ont plus cours à l'époque classique de la gladiature. Désormais, aux premiers siècles de l'Empire, on se contente d'enrôler des cavaliers auxiliaires numides, espagnols, gaulois, germains ou thraces pour accompagner les troupes à pied[78].

Pour cette raison, l'*eques* à la tunique, qui entre dans l'arène à cheval armé d'une lance pour ensuite terminer son combat, au sol, muni d'une épée, continue d'interroger. L'ambiguïté de sa fonction reste un mystère.

Equites à cheval sur le tombeau d'**Umbricius Scaurus**, bas-relief, **Pompéi** [Italie], Iᵉʳ ap. J.-C. (dessin Daremberg et Saglio, 1877-1919.)

Représentation de deux *Equites*, plaque de sarcophage, Iᵉʳ siècle ap. J.-C. (photo Georges Bernage, Glyptothek, Munich.)

[74] *CIL*, VI, 4334, 10167 ; IX, 465 ; X, 7364.

[75] *Des Origines*, XVIII, 53.

[76] Bouley 2001, p.244-246.

[77] Le coût d'achat de chevaux reste dérisoire si l'on considère l'investissement colossal qu'il faut prévoir pour l'organisation des *venationes*.

[78] Le rôle joué par la cavalerie lors des conflits semble se modifier au cours de la seconde moitié du IIIᵉ siècle ap. J.-C. avec la réorganisation des unités de cavalerie sous **Gallien** et **Dioclétien**. Cependant, c'est surtout sous **Constantin** et **Théodose**, au cours du IVᵉ siècle ap. J.-C., que les mutations sont les plus importantes. Désormais, on cherche à perfectionner l'arme de cavalerie sans pour cela augmenter les effectifs. L'infanterie n'est donc pas supplantée par la cavalerie, dont la fonction reste secondaire dans la bataille. Voir, à ce sujet, Méa 2014.

La lance : une piste pour mieux cerner les prérogatives de l'*eques* ?

Nous avons expliqué à quel point une arme d'hast pouvait être un avantage lors d'un combat. Mais lorsque les deux combattants utilisent ce même attribut, à cheval de surcroît, l'équilibre des forces est retrouvé. Malheureusement, très peu de sources iconographiques présentent l'usage dynamique de la lance et la technique de combat employée par l'*eques* pour arriver à ses fins lors de cet affrontement avec son semblable.

Seul le monument funéraire d'**Umbricius Scaurus** à Pompéi, que nous avons déjà présenté, donne une idée de cet appariement monté. En effet, plusieurs scènes qui illustrent des combats de gladiateurs donnés lors des funérailles du défunt témoignent de diverses oppositions parmi lesquelles l'engagement de deux *equites*. Cette représentation rare est incontournable pour l'étude de cette *armatura*, car elle montre deux gladiateurs sur leurs montures en pleine course.

Le combattant de gauche, le visage tourné vers son adversaire, ne semble pas avoir le temps d'ajuster son arme pour frapper alors que l'*eques* situé à droite brandit sa lance pour la projeter de toutes ses forces vers son ennemi. Son cheval fougueux semble vouloir percuter l'autre monture. Dans cette mise en scène très vivante, le sentiment qui transparaît est la violence de la charge. Généralement, dans un duel de cavalerie, le cheval s'arrête naturellement pour ne pas rentrer dans son vis-à-vis. Puis, quelques échanges de lances commencent dans le but de faire chuter l'autre. Cette joute s'avère très rapide puisqu'il faut, en plus de combattre, maîtriser sa monture et garder l'équilibre sur la selle en l'absence d'étriers.

Affrontement d'*Equites*, mosaïque, **Augst** (Suisse), début du IIIᵉ siècle ap. J.-C.
(photo Römerstadt Augusta Raurica.)

Évocation d'un *Eques* à cheval.
(photo Matthias Kabel, *Carnuntum*.)

Ainsi, pour un combat d'*eques* dans l'arène, on peut supposer que le manque de stabilité sur le cheval fait rapidement chuter les gladiateurs qui se voient obliger de poursuivre l'affrontement au sol, comme en témoigne la majeure partie de nos sources. La lance sert donc à percuter pour désarçonner. Une fois à terre, on peut supposer que celui qui a été frappé le premier reste engourdi facilitant par la même la tâche de son opposant.

Au-delà du moment du combat, ce qui est intéressant sur ce relief pompéien, c'est la mention des noms des personnages et l'attitude des autres gladiateurs présents près de la scène. Les *equites* s'appellent pour l'un, **Bebrix**, ce qui indique une origine de Bébrycie un pays barbare, et pour l'autre, **Nobilior**, un nom typiquement romain qui pourrait renvoyer à la renommée du personnage. Tout proches, deux gladiateurs émérites observent le combat et semblent encourager les cavaliers.

Dans ce duel d'ouverture, il semble bien que la lance ait pour but de faire tomber plus que de blesser. Cela suppose une simple capacité de percussion et une aptitude à garder l'équilibre le plus longtemps possible sur le cheval. Il ne s'agit donc pas de savoir maîtriser une technique de combat particulière comme peuvent le faire l'hoplomaque ou le rétiaire. À tout le moins, l'*eques* qui a le plus de chance de remporter la lutte devra être robuste et conserver ses appuis. En effet, une fois au sol, comme l'illustrent les mosaïques d'Augst et de Bad-Kreuznach, on sent bien que le combat entre ces deux gladiateurs est imprécis et frontal. L'impression générale est celle de combattants qui ne s'encombrent pas de détails et qui cherchent à en finir au plus vite en utilisant leur force brute.

À ce titre, **Artémidore** semble confirmer cette volonté basique en précisant que l'*eques* « manque de jugeote ». L'*eques*, combattant novice bénéficiant d'un faible équipement défensif, pourrait être considéré à ce titre comme le spécialiste du combat expéditif et plus meurtrier, ce que semble confirmer d'ailleurs la mosaïque de la Via Appia à Rome sur laquelle l'*eques* **Maternus** a péri de manière violente. La même sensation de combat irréfléchi et instinctif figure sur le pavement de Zliten en Libye sur lequel l'arbitre doit arrêter l'arme du combattant avant qu'elle n'atteigne la gorge de son adversaire, comme d'ailleurs sur la mosaïque de Nin en Croatie où un *eques* au sol n'a même pas le temps de demander sa grâce.

Tous ces exemples vont absolument dans le sens d'un combat plus sanglant mené par des « têtes brûlées » qui veulent vraiment en découdre. Pour cette raison, nous pensons que l'usage de la tunique sert à instituer des échelons au sein du « *cursus* gladiatorien ».

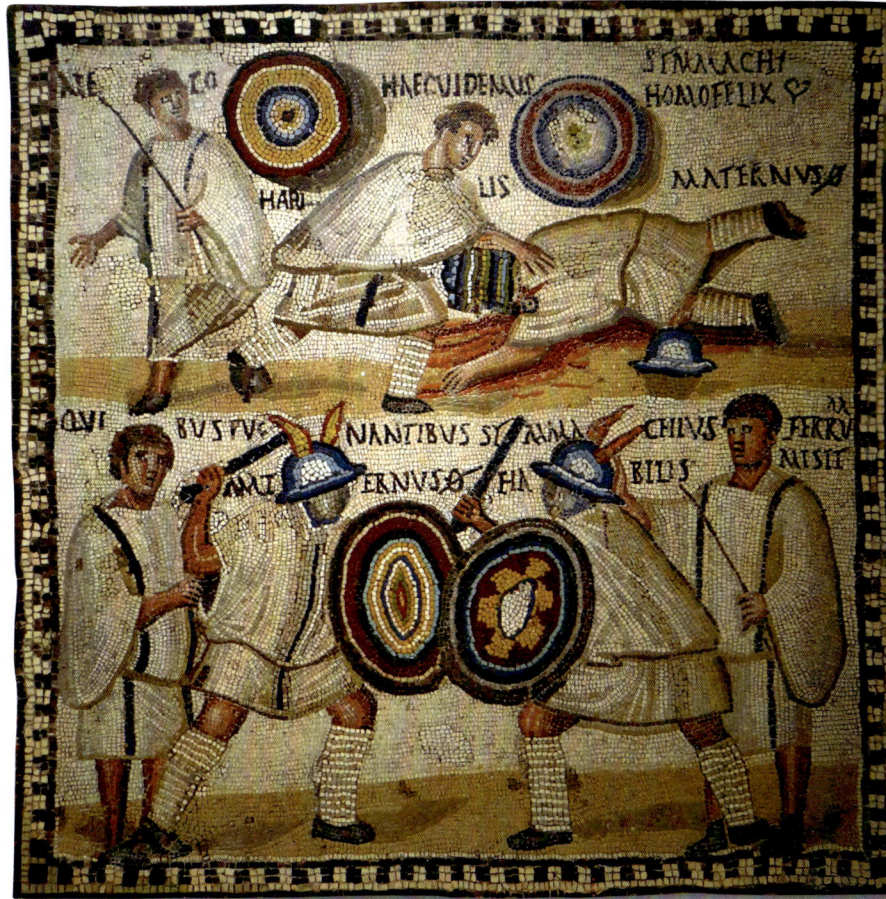

À l'instar des *equites* à cheval, sortes de durs à cuire qui doivent faire leur preuve, les *provocatores* pourraient être considérés comme des gladiateurs en devenir. Reconnaissables à leur vêtement caractéristique, ils seraient engagés dans cette catégorie pour faire leurs armes et prouver qu'ils n'ont pas froid aux yeux.

L'*eques* Maternus vainqueur d'**Habilis**, mosaïque, **Rome** (Italie), IIIᵉ siècle ap. J.-C. (photo Carole Raddato, Museo Arqueologico Nacional, Madrid)

Affrontement d'*equites*, mosaïque, **Bad-Kreuznach** (Allemagne), IIIᵉ siècle ap. J.-C. (photo Carole Raddato, Römerhalle Bad-Kreuznach.)

Les *provocatores*, le premier échelon de la gladiature

[79] Cicéron (*Sestius*, LXIV, 134) mentionne son nom avec celui du samnite.
[80] *CIL*, IV, 2443 ; V, 2884, 4502 ; VI, 7658, 10183.
[81] *CIL*, VI, 7659.
[82] Parfois, on trouve simplement *SPA*.
[83] Teyssier, 2009, p.79.

Cette catégorie souvent mal identifiée possède un équipement difficile à cerner car assez similaire à celui du *secutor* ou du mirmillon. Nous possédons en effet très peu de représentations du *provocator* et rares sont les auteurs qui renseignent sur son activité[79]. Quelques inscriptions[80] fournissent toutefois des pistes de recherche qui méritent d'être reconsidérées. L'une d'entre elles[81] qui, à la suite de son nom, donne le sigle *SPAT*[82] (*Spatharius* ?), a très tôt été utilisée pour lui attribuer l'usage de la *spatha*, une épée longue, dont la lame dépasse de loin celle du *gladius*.

L'étymologie de ce mot mérite néanmoins d'être reconsidérée comme d'ailleurs l'abréviation *SP* qui accompagne parfois le nom d'autres *armaturae* et qui n'a peut-être rien à voir avec le terme *spatha*.

Provocator en position de combat. (photo *Pax Augusta*.)

La *spatha* du *provocator* :

Aucune représentation connue ne montre le *provocator* armé d'une longue épée. Ainsi, le terme *spatha* doit sans doute renvoyer à un autre attribut. Il s'avère qu'en latin ce mot peut aussi désigner une branche de palmier, la spathe qui est une grande bractée. Pour cette raison, le lien entre la palme et la victoire du gladiateur qui a reçu cette distinction que l'on rappelle par le sigle *SPA* ou *SPAT* a été proposé par certains auteurs[83].

Il nous faut préciser que *spatha* signifie également « battoir » dans cette langue, c'est-à-dire un ustensile dont les anciens tisserands se servaient pour battre la trame au lieu de la peigner. Pour cette raison, est-il envisageable de relier ce terme à la symbolique de la tunique ? Nous aurions donc à faire à un *provocator* vêtu d'une manière particulière pour rappeler qu'il est une sorte de *tiro*, c'est-à-dire un gladiateur débutant, qui commence sa carrière et qui, pour cela, doit faire ses preuves.

Stèle funéraire du *provocator* Diodourus. L'épitaphe indique *"Je suis là victorieux, **Diodorus** le misérable. Après avoir brisé mon adversaire **Démétrius**, je ne l'ai pas tué immédiatement. Mais le destin meurtrier et la perfide ruse du summa rudis m'ont tué"*, Samsun (Turquie), IIᵉ-IIIᵉ siècle ap. J.-C. (photo Damien Bouet, Musée du Cinquantenaire, Bruxelles.)

Évocation d'un *Provocator*.
(photo Pax Augusta)

Casque de *provocator*, Pompéi (Italie), Iᵉʳ siècle av. J.-c. (photo Carole Raddato, Museo Archeologico Nazionale, Naples.)

Combat entre deux éventuels *Provocatores*, bas-relief, monument funéraire de la Porta Stabia, Pompéi (Italie), 20-30 ap. J.-c. (photo Olaf Kueppers, Museo Archeologico Nazionale, Naples.)

L'abréviation *SP*

Le sigle *SP* qui apparaît à deux reprises dans la liste d'un collège de gladiateurs retrouvée à Rome[84] pour préciser le statut d'un *mirmillo* et celui d'un thrace parmi des *veterani* et des *tirones* est très éclairant puisqu'il ne doit pas être compris comme un avatar de *SPA* ou *SPAT*, mais comme l'abréviation du mot « *spectatus* » signifiant « à l'épreuve ». Un moyen, peut-être, de préciser que le gladiateur *SP* dans ce genre de liste, qui regroupe des vétérans et des débutants, est celui qui est soumis au test de son *armatura*, afin de déterminer s'il est apte, ou non, à combattre dans cette catégorie.

Cet éclairage relègue d'emblée les termes *SPA* et *SPAT* au seul *provocator* comme il apparaît sur la stèle du gladiateur à la tunique **Anicetus** conservée à Rome qui indique que ce dernier est un *PROV. SPA*, c'est-à-dire un *provocator spatharius*. Pourquoi ce besoin d'affirmer que c'est précisément ce combattant qui a remporté la palme ? Cela sert-il à valider une étape dans une carrière et à lui permettre de gravir un échelon ? Ou bien faut-il vraiment comprendre dans le choix de cette abréviation la volonté de rappeler le lien entre le *provocator* et la tunique, un vêtement dont la vocation serait de symboliser le débutant qui fait ses armes dans l'univers de l'arène en commençant par l'*armatura* des *provocatores* ?

Louis Robert[85], le premier, voyait dans le *provocator* un « *gladiateur à la tunique* » armé d'un bouclier rectangulaire, d'un casque arrondi à visière et d'un *gladius* de petite taille. Plusieurs bas-reliefs semblent corroborer cette hypothèse. Une stèle de Cyzique[86], ancienne ville côtière de Mysie (Turquie actuelle) dévoile un *provocator* vêtu d'une tunique serrée à la taille, tandis qu'un bloc funéraire retrouvé à Constanta en Roumanie[87] figure **Agroicos** avec un vêtement similaire qui arrive au-dessus des genoux. L'inscription précise: *"Un petit tombeau a caché le provocator Agroicos, armé de la main gauche, grand dans les stades."*[88]

Bien qu'un certain nombre d'auteurs avance l'idée que le *provocator* puisse apparaître sur de nombreux éléments lapidaires, nous préférons nous conformer à la réunion conjointe de son nom et de sa représentation pour valider son existence. Dans trois cas : Cyzique, Constanta et

[84] *CIL*, VI, 631.
[85] Robert 1940, n°291, pl. XIX.
[86] Bouley 2001, p.242.
[87] Bouley 1994, p.45.
[88] Élisabeth Bouley (Bouley 1994, p. 34), à la suite de Louis Robert, précise que « *dans toutes les épitaphes gladiatoriennes grecques, l'amphithéâtre est désigné par l'expression* σταδίον – *le stade –, selon une formule poétique empruntée au vocabulaire des concours athlétiques, bien qu'il ne s'agisse pas de concours.* »
[89] Voir sur cette question M.-I. Konstantakos, *Aspects of the figure of the agroikos in ancient comedy*, Koln, 2005.
[90] Bouley 2001, p.102.
[91] Nous présenterons ultérieurement la différence entre ces deux chasseurs opposés au taureau.

Rome, le mot *provocator* accompagne la figuration d'un gladiateur qui porte la tunique, preuve, s'il en est, qu'il s'agit bien d'un élément fondamental, constitutif de son identité. Et cela n'empêche pas quelques élans de bravoure de la part de certains *provocatores* voire, même, une certaine renommée, comme en témoigne l'exemple d'**Agroicos** dont le nom, littéralement *« celui qui demeure dans les champs »*, ne manque pas d'atirer l'attention. En effet, dans la comédie grecque, Agroikos est une figure comique un peu bourrue à l'image d'un habitant des campagnes. Une sorte de personnage burlesque un peu gauche qui peut jouer toutes sortes de rôles[89]. Cette interprétation du nom a pu nous faire penser un moment que le *provocator* débutant n'avait pas le charisme nécessaire pour une grande carrière et, qu'à l'image d'un *Agroicos*, il devenait la risée des spectacles.

Notons enfin que, selon Élisabeth Bouley[90], cet Agroicos était sûrement un esclave comme d'autres de ces camarades de jeu, notamment un rétiaire du nom d'**Argoutos** et un « tauromaque », c'est-à-dire un bestiaire luttant contre un taureau que nous préférons appeler *taurocenta* ou *taurarius*[91]. Hormis le *provocator*, il est intéressant de voir que, parmi toutes les catégories de gladiateurs, seuls les *equites*, les combattantes thraces et les rétiaires pouvaient porter la tunique. Le *venator* quant à lui, comme d'ailleurs certains *bestiarii* avaient eux aussi la possibilité d'être vêtus de cette manière. Nous y reviendrons.

Ainsi, le port de la tunique pourrait-il renseigner sur le caractère servile de ces combattants ? Sur l'usage, toujours actuel à l'époque du Haut-Empire, d'esclaves dans les amphithéâtres de la partie orientale du monde romain ?

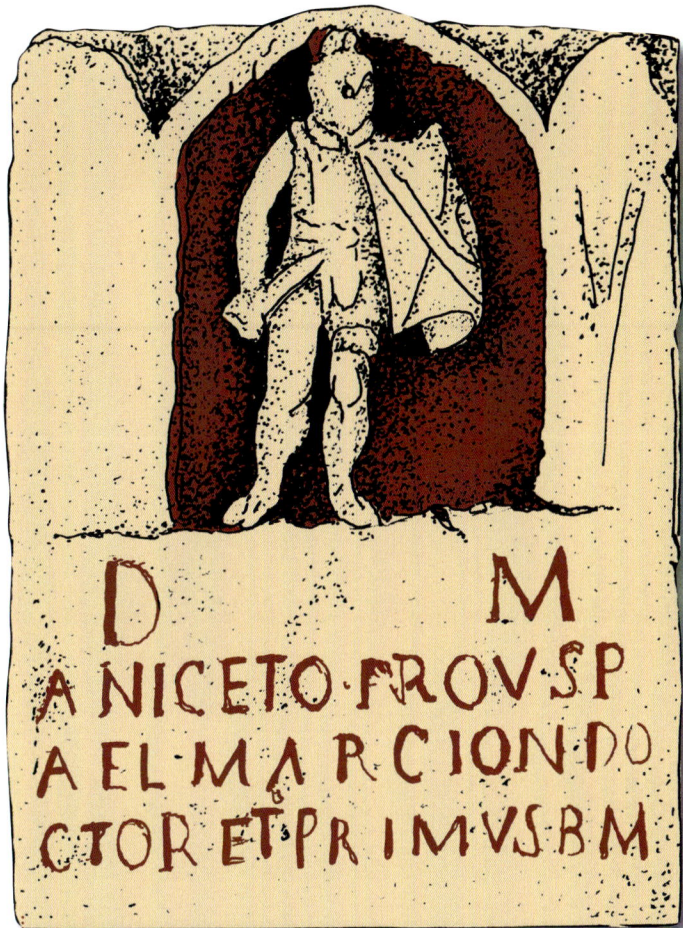

Provocator **Anicetus**, bas-relief, Ier-IIe siècle ap. J.-C. (DAO Damien Bouet.)

Combat entre deux *Provocatores*. (photo *Pax Augusta*.)

Dresseuse *paegniarius*, d'après le dessin d'une vignette de la mosaïque des promenades de **Reims** (France). (photo Musée Saint-Rémi, Reims.)

Amazonia et *Achillia* : des femmes émancipées ?

L'utilisation de la tunique nous amène naturellement à parler des femmes. Il semble bien qu'elles soient souvent pourvues de ce vêtement lorsqu'elles sont mises aux prises dans l'arène. C'est ce dont semble témoigner un fragment de céramique sigillée découvert à Lezoux en Auvergne sur lequel s'opposent un mirmillon et un thrace. Ce dernier, vêtu d'une tunique, pourrait être une gladiatrice si l'on considère l'extrême finesse avec laquelle sont représentés les traits de son visage[92].

Amazonia luttant contre *Achillia*, bas-relief, Ier-IIe siècle ap. J.-C. (photo Damien Bouet, British Museum, Londres)

Malheureusement, ce genre de source iconographique est extrêmement rare et seuls quelques supports peuvent être mis en confrontation pour permettre de déceler la présence des femmes dans l'amphithéâtre. C'est ce que relate un bas-relief provenant de Bodrum en Turquie (l'antique Halicarnasse) qui reste actuellement notre meilleur indice pour tenter d'identifier ces combattantes.

Amazonia, [située à gauche], porte un *scutum* rectangulaire, une *ocrea* et un petit glaive, trois armes identiques aux attributs utilisés par **Achillia**, son adversaire. Par contre, les casques figurent à même le sol, sans doute par choix, et non pas pour témoigner de la rudesse des échanges[93]. Ils ont volontairement été relégués au rang de décorations latérales dans le but de laisser apparaître le visage de ces jeunes filles. À notre avis, dans cet appariement original, c'est le vêtement qui est le plus important à analyser, mais force est de reconnaître qu'il est bien difficile de le distinguer. Si la partie basse du corps des opposantes semble recouverte d'un *subligaculum*, la partie haute reste beaucoup moins simple à interpréter.

Or, l'aspect commémoratif de ce combat, relaté par la formule grecque ἀπελύθησαν, prouvant que ces deux femmes ont été graciées, doit servir à nous éclairer. Ne faut-il pas voir dans cette appariation un rappel de l'affrontement entre **Penthésilée**, reines des Amazones et **Achille**, le valeureux héros de la guerre de Troie ? Un texte d'**Appolodore d'Athènes**[94] relate brièvement l'opposition entre ces deux adversaires et explique, qu'après avoir tué Penthésilée, Achille serait tombé amoureux de la défunte.

Cette stèle avait peut-être, aussi, pour vocation, de rappeler cet épisode insolite et peu connu de la guerre de Troie. [A gauche], Amazonia est représentée sein nu comme pour affirmer son caractère féminin, tandis qu'Achillia, malgré l'épaufrure du support, paraît protégée par un vêtement. Ce dernier, toutefois, ne semble pas être une tunique.

Ici, le choix d'utiliser deux femmes pour évoquer cette péripétie est très intéressant. Plus qu'un renvoi à un banal combat gladiatorien entre deux débutantes, il faut voir dans cette image une volonté de mettre en avant la femme et ses capacités. Ainsi, la nudité d'Amazonia ne doit pas être perçue comme un moyen d'exciter les passions des spectateurs, mais plutôt comme une affirmation de sa bravoure et de sa force.

Derrière cette mise en scène originale, se cache une histoire improbable d'amour et de mort entre une amazone issue d'un peuple qui refuse les hommes et Achille, incarnation la plus parfaite de la virilité masculine.

[92] Toutefois, la poitrine ne semble pas avoir été bien dessinée.
[93] D'ailleurs, s'agit-il bien de casques ? À première vue, on pourrait croire au face-à-face de deux visages servant à rappeler un illustre combat.
[94] *Épitomé*, V, 1-2.

À l'aune de cet exemple, il nous semble important de reconsidérer la place des femmes dans l'arène. Leur présence, loin d'être reléguée au rang de simples exhibitions spectaculaires, doit avoir une signification plus profonde et répondre à un but supérieur dans le contexte des évolutions sociétales subies par Rome au cours du Ier siècle ap. J.-C.

Les gladiatrices, des combattantes d'exception ?

Le poète **Stace**[95], courtisan de **Domitien**, évoque, dans un style simple et naturel, certains spectacles donnés par l'empereur au sein du Colisée le 1er décembre 89. À cette occasion, des femmes, puis des nains, s'affrontèrent pour le plus grand plaisir du public. On suppose, à la lecture de **Suétone**[96], qui relate lui aussi ces exhibitions inhabituelles, que les nains avaient une place de choix lors de ces spectacles[97]. Les femmes, quant à elles, luttèrent avec des hommes lors d'un *munus* qui fut donné la nuit, à la lueur des flambeaux. Était-ce une volonté de Domitien de semer le trouble dans l'esprit des spectateurs afin d'attiser leur curiosité ou ces gladiatrices jouaient-elles un rôle particulier à l'instar du couple Amazonia et Achillia ? Quoi qu'il en soit, la présence de ces femmes, parmi des hommes, dans le cadre d'un spectacle donné en pleine nuit, interpelle.

Un autre exemple tout à fait explicite, relaté par **Dion Cassius**[98] cette fois, évoque des femmes éthiopiennes jetées dans l'arène pour honorer la venue de **Tiridate Ier** d'Arménie lors des jeux données en 66 ap. J.-C. À cette occasion, elles luttèrent en qualité de *venatores* contre des bêtes monstrueuses. Enfin, précisons que **Pétrone**[99] décrit lui aussi l'existence d'une femme gladiatrice combattant du haut d'un char comme essedaire. Cette catégorie, peu renseignée, comme nous l'avons souligné, demandait des aptitudes physiques très particulières ainsi qu'une certaine endurance. S'agissait-il de qualités qui permettaient aux femmes d'exceller dans ce type d'*armatura* ?

La figure de la femme guerrière a trouvé une terre d'élection au sein de l'amphithéâtre. À l'image de **Boadicée**, reine des Icéniens, dont la lutte acharnée a durablement marqué l'esprit des légionnaires romains, les gladiatrices brisent les conventions et modifient les codes d'une société patriarcale qui s'essouffle en affirmant leurs mérites.

Des femmes volontairement dénudées ?

Nous supposons que le choix du vêtement devait avoir son importance lors des spectacles qui mettaient en scène des femmes. Sur ce point, **Juvénal**[100] apporte encore un éclairage très précieux lorsqu'il parle de **Mévia**, une chasseresse *"qui épieu en main, sein découvert, transperce un sanglier toscan"*. Cette précision, qui pourrait être perçue comme une simple anecdote, en dit long

Mirmillon et *gladiatrice thrace*, début du IIe siècle ap. J.-C., fragment de céramique sigillée de l'atelier de **Lezoux** (France). (DAO Damien Bouet, d'après K. Kazek.)

sur le rapport homme/femme dans la société romaine de cette époque. Il s'agit, en effet, d'un bon indicateur du regard que le public porte sur la femme et sur son statut comme sur la notion de féminité d'une manière générale.

Faut-il comprendre cette mention du sein découvert comme un besoin, celui de préciser qu'il s'agit bien d'une femme ? Ou bien cette remarque sert-elle à caractériser la femme en tant qu'objet sexuel et de désir ? Il est extrêmement rare que l'iconographie se fasse l'écho de ces indications littéraires. Or, une vignette de la mosaïque des Promenades de Reims semble dévoiler une dresseuse à la poitrine généreuse qui ne manque pas de rappeler la fougueuse Mévia. Armé d'un fouet et placé près d'un objet de forme ovale servant peut-être pour son exhibition, ce personnage féminin prend part à un tour de dressage dans le cadre du *ludus meridianus* qui se déroule entre les chasses du matin et les combats de gladiateurs de l'après-midi.

[95] *Silves*, I, 6.
[96] *Vie des douze Césars*, Domitien, IV.
[97] L'un d'entre eux, au visage petit et difforme nous dit l'auteur, jouait d'ailleurs le rôle de confident du prince lors des affrontements.
[98] *Histoire romaine*.
[99] *Satiricon*, XLV.
[100] *Satire*, I, 23.

Statue romantique de Boudica/Boadicée, par **Thomas Thornycroft** (1815-1885). (photo Kurt Bauschardt.)

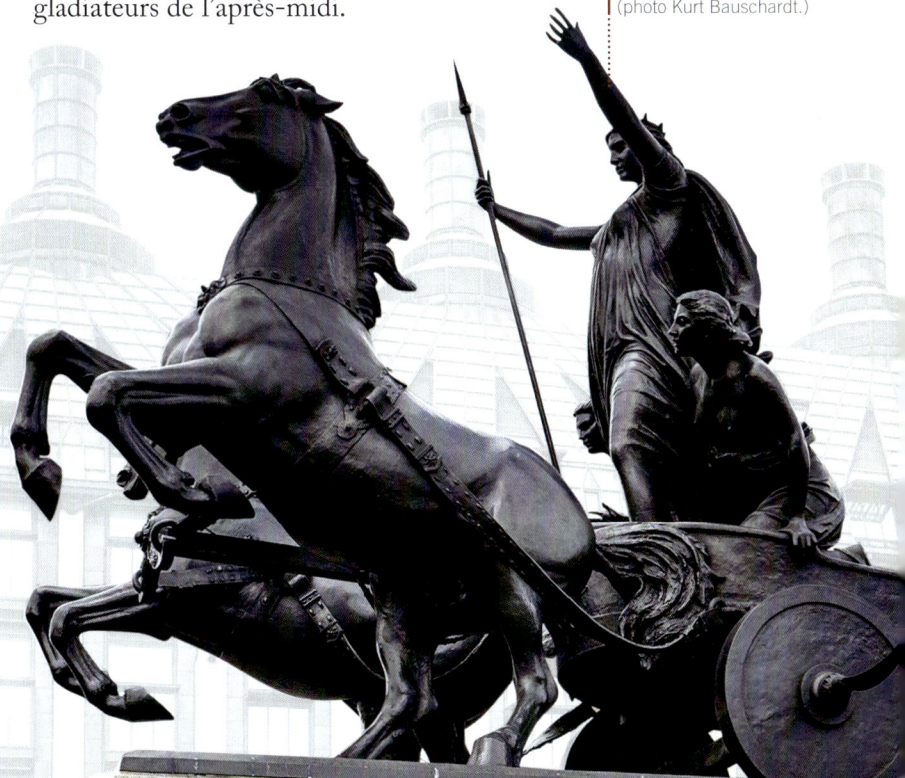

Durant une grande partie de l'époque républicaine, le rôle de la femme, de la matrone, se limite à une fonction reproductrice et d'éducation. Elle n'a aucun droit sauf celui de garder le foyer et d'assurer la descendance du mâle, le *pater familias*. Il s'agit d'un modèle de vertu que beaucoup souhaiteraient voir ériger en figure tutélaire à l'image de l'historien **Tite-Live**[101]. En effet, de nombreux auteurs insistent sur l'idéal féminin qui consiste en réserve (*castitas*) et en pudeur (*pudicitia*) même si, au début du Ier siècle de notre ère, les choses semblent évoluer comme en témoigne, malgré-lui, Juvénal. Ce dernier s'indigne de l'émancipation des femmes et explique que certaines d'entre elles participent à la vie mondaine, s'essaient à la littérature ou pratiquent des activités comme le sport ou les combats de l'arène. Avec l'évolution de la sexualité féminine, cet autre moyen de se libérer du joug masculin dénote une transformation radicale de la société qui ébranle en profondeur les valeurs traditionnelles.

Vénus ou **femme au bain**, bas-relief,
Metz (France) Ier - IIe siècle ap. J.-C.
(photo Laurianne Kieffer, Musée de La Cour d'Or, Metz Métropole.)

Pour **Juvénal**[102], les femmes « *abdiquent* » leur sexe et « *adorent la force* » et cela est perçu comme une honte. Pourtant, cette évolution des mœurs féminines, qui trouvent dans l'amphithéâtre un écrin à la hauteur de leur « libération », doit être envisagée avec beaucoup de sérieux. Désormais, la femme s'affiche dans l'arène comme sur une place publique pour mieux affirmer ses mérites. Et c'est en cela que son rôle dans les spectacles est d'un immense intérêt pour la compréhension de l'évolution de la société romaine à l'époque impériale. En effet, certaines d'entre elles, par leur capacité, leur persévérance et leur fougue, relèguent certains hommes au second rang. Ces hommes-là sont d'ailleurs la risée des spectacles et apparaissent en personnages efféminés à l'image du rétiaire **Gracchus** dont Juvénal[103] raille le caractère passif de l'homosexualité. Notons à ce sujet, que ce rétiaire est vêtu d'une tunique, un vêtement qu'il est déshonorant de porter selon Aulu-Gelle[104], puisqu'il est l'apanage des femmes prudes qui souhaitent « *protéger des regards leurs bras et leurs jambes* ».

C'est l'usage de la tunique par certaines catégories de gladiateurs, comme les *equites* notamment, qui pousse à en faire un vêtement discriminatoire. Outre des échelons qu'elle servirait à préciser dans le *cursus* gladiatorien, son image pourrait être perçue comme négative lorsqu'elle se trouve portée par un homme. Un autre indice donné par Juvénal[105], au sujet du rétiaire, permet d'ailleurs d'appuyer l'hypothèse d'un habit qui est sujet de toutes les moqueries : *« Les filets ne s'y mélangent point avec une tunique impure, et celui qui a l'habitude de combattre nu ne dépose pas dans la même cellule ses épaulières et le trident qui frappe l'adversaire ».*

Un texte très éclairant sur l'importance du vêtement et de sa symbolique au sein de l'arène ! À ce titre, il est étonnant de constater que le chasseur d'amphithéâtre, communément appelé *venator*, porte habituellement la tunique. Cette tunique, caractéristique des troupes à pied qui prennent part aux exercices cynégétiques, va d'ailleurs progressivement être concurrencée par le justaucorps. Un habit sans doute mieux adapté au *munus venatorum* et prévu pour recevoir des motifs décoratifs qui ne manquent pas de rappeler, comme nous le verrons ultérieurement, certains signes « héraldiques » et certains chiffres distinctifs en usage au sein des sodalités africaines, notamment chez les *Telegeni*. ∎

[101] *Histoire romaine*.
[102] *Satire*, VI, 246-267.
[103] *Satire*, II, 117-142. Gracchus est passif, se livre à un autre homme, subit sa loi et, pour cela, est considéré comme débauché. Par ailleurs, pour les Romains, un homme efféminé est également celui qui est lâche au combat, et l'on sait par une autre satire (VIII, 203-208) que Gracchus, affublé en rétiaire, fuit son adversaire par couardise.
[104] *Nuits Attiques*, V, XII.
[105] *Satire*, VI, 365,7-365,13.

Évocation
d'un thrace tunicatus
(photo Fan Athénaïs)

Maquette du *Circus Maximus*,
au IVe siècle ap. J.-C., par **Italo Gismondi**.
(photo Sebastià Giralt, Museo della Civiltà Romana, Rome.)

L'AMPHI-THÉÂTRE TOUT-PUISSANT

La genèse d'un édifice spectaculaire

Il aura fallu plus de deux siècles pour que les *munera* reçoivent un écrin à la mesure de l'engouement qu'ils suscitaient. Nous l'avons dit, le premier *munus* à avoir officiellement été offert à Rome date de 264 av. J.-C. À cette époque, le *forum boarium* accueille les spectacles de gladiateurs et n'est qu'une simple place sans prestige et sans monumentalité. Il s'agit d'un lieu « quasi » insignifiant face au gigantisme du *Circus Maximus* qui incarne véritablement l'âme de la Cité. Et ce rôle, le cirque le conservera jusqu'aux dernières décennies du Ier siècle ap. J.-C. qui verront l'érection d'un autre colosse, connu depuis le Moyen Âge sous le nom de Colisée.

Or, bien avant la construction de l'amphithéâtre flavien[106], le premier *spectacula*[107] conçu pour recevoir des combats de gladiateurs vit le jour en Campanie, à Pompéi. C'est ici, dans cette cité connue de tous pour avoir livré à la postérité des vestiges remarquables, qu'une idée ingénieuse germa dans l'esprit de quelques concepteurs au début du Ier siècle av. J.-C. : celle de réunir deux théâtres accolés l'un à l'autre par leur scène afin de créer une arène arrondie autour de laquelle pourraient se masser les spectateurs de plus en plus nombreux. Le mot *amphi theatrum*, signifiant « double théâtre » témoigne encore de cette invention originale.

Originale, puisque c'est probablement l'un des rares édifices entièrement conçu et imaginé par les architectes romains. Le stade et le théâtre sont, en effet, des créations grecques tandis que le cirque est d'origine étrusque. Avec l'amphithéâtre, s'impose donc, une conception politique et idéologique du spectacle dont Rome saura témoigner avec éclat.

Vers 52 av. J.-C., c'est d'ailleurs à Rome qu'un projet similaire à celui de Pompéi verra le jour grâce à **Caius Scribonius Curio**, qui conçoit un mécanisme capable de faire pivoter deux théâtres en bois pour qu'une fois réunis ils ne forment plus qu'une seule et même structure de forme circulaire. C'est grâce à l'amélioration de ce procédé que les ingénieurs aboutiront plus tard à la forme elliptique de l'arène dont **J.-C. Golvin**[108] souligne le caractère révolutionnaire :

"L'intérêt véritable de l'allongement de l'arène nous semble pouvoir s'expliquer par la volonté d'améliorer la perception visuelle ou plutôt la « compréhension » du spectacle particulier qu'étaient les munera et les venationes".

[106] Le bâtiment que nous connaissons aujourd'hui sous le nom de Colisée a, en effet, été construit par les empereurs de la dynastie flavienne, de 70 à 80 ap. J.-C.

[107] À l'origine, *spectacula* désigne l'édifice de spectacle qui, plus tard, sera appelé amphithéâtre. *Amphitheatrum* est, quant à lui, un terme tardif utilisé vers la fin du Ier-début du IIe siècle ap. J.-C. pour désigner ce lieu de divertissement. Certes, on trouve, dès le début du Ier siècle ap. J.-C., la mention *amphithéâtre* dans l'inscription d'Ancyre, mais celle-ci constitue une sorte d'*unicum*. Quant à Vitruve, s'il évoque à trente-six reprises le mot *theatrum*, on ne trouve qu'une seule occurrence d'un *amphitheatrum* dans son *Traité d'Architecture*.

Vue du Colisée depuis la colline du Palatin, Rome (Italie).
(photo Georges Bernage.)

En effet, il est très fréquent que des dizaines de bêtes et d'hommes se retrouvent ensemble réunis dans l'amphithéâtre. L'amplitude de leur déplacement doit donc être considérée avec beaucoup d'attention et leur mouvement doit pouvoir s'effectuer dans les meilleures conditions possibles, de préférence dans le sens du grand axe.

Une arène trop petite et de forme circulaire complique les affrontements, accentue les effets d'agglutinement et rend le spectacle incompréhensible. En revanche, l'allongement de l'un des deux axes favorise une meilleure répartition des groupes de combattants et tend à créer les conditions idéales à une certaine forme d'organisation. C'est cette volonté de rendre plus lisible l'exhibition qui a poussé certains organisateurs de nos modernes corridas à diviser, parfois, l'arène en deux pour créer une *Plaza partida* et, ainsi, faciliter la lecture des combats.

Après l'expérience de **Curion le Jeune** et le passage à l'arène elliptique, c'est à **Statilius Taurus** que nous devons le premier amphithéâtre de pierre élevé à Rome, sur le Champ de Mars vers 30 av. J.-C. Pourtant, cette construction ne semble pas avoir été totalement réalisée en matériaux solides puisque, lors du grand incendie de Rome, sous **Néron**, l'ensemble de l'édifice a pu être détruit par les flammes, preuve s'il en est, qu'il utilisait encore beaucoup de bois dans sa structure.

Il peut paraître étonnant de découvrir que, sous le règne d'**Auguste** et de ses successeurs directs, Rome ne possède pas de grand amphithéâtre conçu entièrement en pierre et capable d'accueillir un large public. Pourtant, dès le début du Iᵉʳ siècle ap. J.-C., plusieurs capitales de province et certaines villes importantes érigent des édifices remarquables. C'est le cas de *Tarraco* (Tarragone en Espagne), d'Antioche (près de l'actuelle Antakya en Turquie) ou de *Lugdunum* (Lyon) qui, dès 19 ap. J.-C., profite de l'évergésie d'un certain **C. Julius Rufus**[109], citoyen de la cité des Santons et prêtre de Rome et d'Auguste, pour installer, au pied de la colline du *Pagus* de Condate (quartier du Confluent) un amphithéâtre[110], dont la capacité – somme toute très limitée (environ 2 000 places) – permet toutefois d'envisager l'organisation de jeux en l'honneur du culte impérial.

Inscription de l'évergésie de Julius Rufus, pierre, début du Iᵉʳ siècle ap. J.-C. (photo C. Thioc et J.-M. Degueule, Musée gallo-romain de Lyon.)

[108] Landes, 1990, p.17.
[109] *Inscription latine des trois Gaules*, n°217 ; *Année épigraphique* 1959, n°61
[110] L'arène de ce premier bâtiment mesure 67,6 m de long par 42 m de large, c'est-à-dire pratiquement autant que celles de Nîmes et d'Arles.

Corrida de toros en una plaza partida huile sur toile de **Francisco Goya**, 1816. (photo *Wikimedia Commons*.)

Plan simplifié de la réunion de deux théâtres pour la création d'un amphithéâtre (DAO Damien Bouet, d'après K.Kazek et S. Mattesini, 2015).

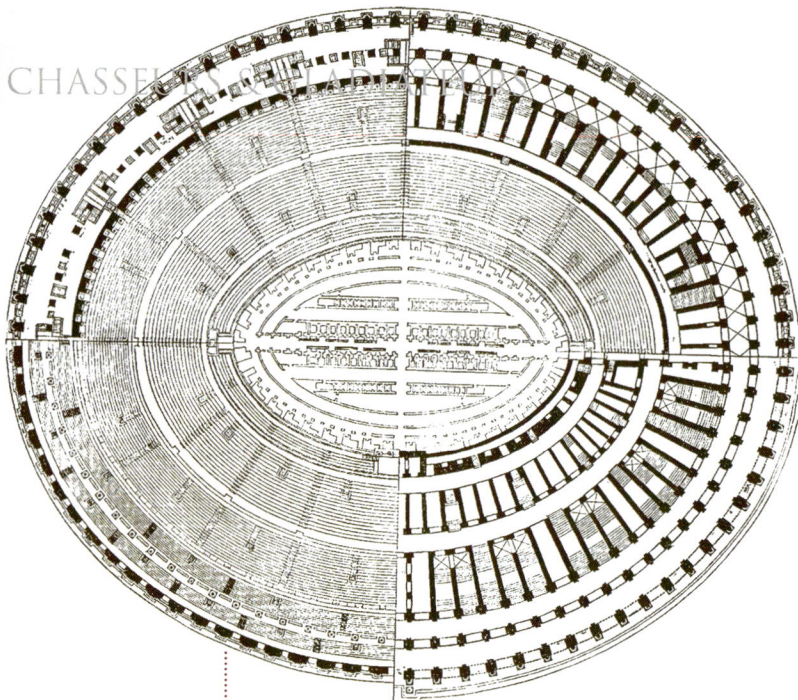

Plan du Colisée.
(DAO Damien Bouet, d'après Daremberg et Saglio, 1877-1919).

[111] *Des Spectacles*, I.
[112] *Annales*, XIV, 17.

Vue du sous-sol du Colisée, Rome.
(photo Jean-Paul Grandmond.)

Le Colisée : un modèle inégalable

"Que la barbare Memphis cesse de nous vanter ses merveilleuses Pyramides ; que Babylone ne se fatigue plus à célébrer sa magnificence ; qu'on ne nous parle plus si pompeusement du temple élevé à Diane par la voluptueuse Ionie, et que l'autel d'Apollon, construit avec des cornes d'animaux, ne se dise plus l'œuvre d'un dieu ; que les Cariens ne portent plus aux nues, avec tant d'emphase, leur mausolée suspendu dans le vide des airs. Que tous les monuments le cèdent à l'amphithéâtre de César ; c'est pour lui surtout, pour lui seul, que doivent se faire entendre les cent voix de la Renommée".

C'est par cette tirade élogieuse que le poète **Martial**[111] décrit la beauté de l'amphithéâtre flavien inauguré sous **Titus** en 80 ap. J.-C. Cet édifice, commencé sous le règne de **Vespasien**, son père, permet à la cité de Rome de se doter d'une construction extraordinaire par ses dimensions et son architecture. Véritable symbole de la puissance romaine, elle dépasse de loin tous les autres amphithéâtres érigés dans les provinces de l'Empire comme en témoigne son plan sur lequel l'emprise des gradins (*ima*, *media* et *summa cavea*) en dit long sur les capacités de ce géant de pierre.

Aujourd'hui encore, nous restons frappés par ses vestiges imposants et la complexité des sous-sols de son arène au sein desquels de nombreuses cages contenaient des animaux qui attendaient d'être treuillés vers la zone de combat. Avec une capacité de plus de cinquante mille places et sa façade composée de trois étages de galeries à arcades superposées et d'un attique de grande hauteur, le Colisée est probablement l'une des plus belles réalisations architecturales romaines.

Plusieurs matériaux comme le marbre, la pierre de travertin, le tuf ou la brique ont été utilisés pour sa construction, tandis que les quatre ordres classiques rythment sa paroi extérieure : dorico-toscan, ionique, corinthien et composite. Son grand axe mesure 188 m de long et son petit axe 156 m. Pour ce qui concerne l'arène, les dimensions sont de 86 m pour le grand axe et de 54 m pour le petit axe. Seuls quelques amphithéâtres sont susceptibles de rivaliser avec le Colisée, mais leur taille demeure bien inférieure. Nous pouvons citer, à titre d'exemple, l'édifice de spectacle de Capoue en Campanie avec ses 40 000 places et un grand axe de 167 m de long, celui de Vérone en Vénétie élevé vers 30 ap. J.-C. d'une capacité de plus 30 000 places ainsi que les amphithéâtres de Pouzzoles – lui aussi en Campanie – et d'El Jem en Tunisie. Le premier bénéficiait d'une contenance de 40 000 places tandis que le second, construit début du IIIe siècle ap. J.-C., pouvait accueillir près de 30 000 spectateurs.

Par ses dimensions et son luxe (placage en marbre, mosaïques, peintures murales, sculptures, statues, etc.), le Colisée s'impose comme un modèle. Cadre exclusif des *venationes*, des *ludi meridiani* et des *munera* offerts aux spectateurs au cours d'une même journée de divertissement, c'est aussi un monument conçu pour l'accueil du public. À cette fin, de nombreux aménagements contribuent au confort des personnes. L'un des plus connus demeure le *velum* ou *velarium*, une vaste toile maintenue par des mâts et déployée par des matelots afin de protéger l'auditoire des rayons du soleil et d'une trop forte chaleur. De même, en cas de pluie, il était possible de se réfugier sous de vastes promenoirs situés près des ambulacres, les galeries disposées à l'intérieur du monument.

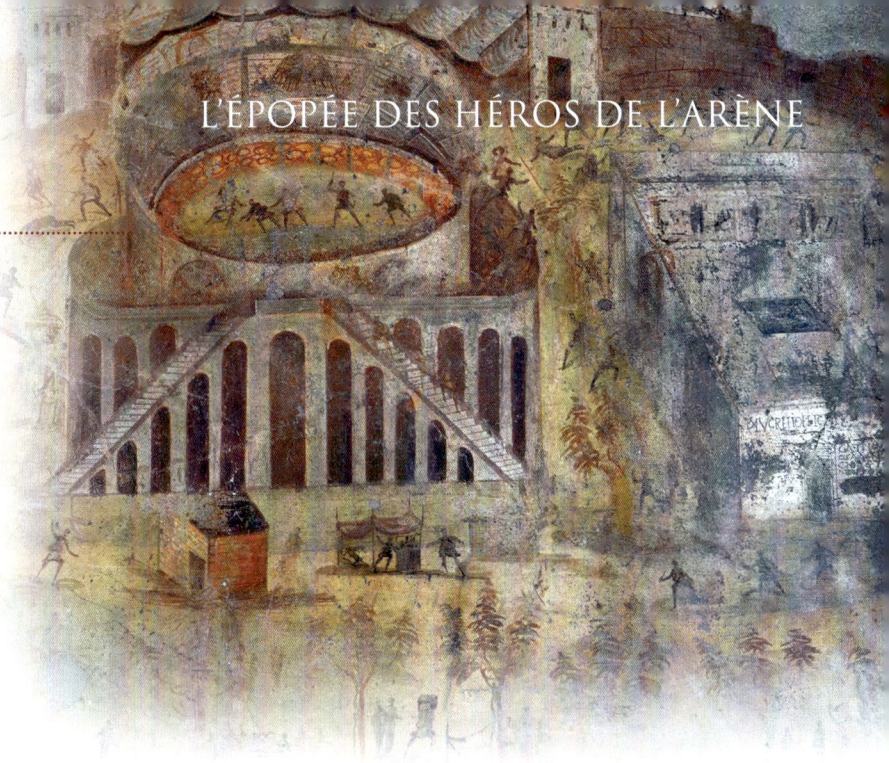

Rixe entre Pompéiens et Nucériens,
peinture murale, **Pompéi**, Ier siècle ap. J.-c.
(photo Carole Raddaro, Museo archeologico nazionale, Naples.)

L'amphithéâtre : un étonnant microcosme

Qu'il s'agisse de l'arène, des sous-sols qui accueillent la machinerie et les *carceres* (les cellules), des gradins, des portes ou des couloirs d'accès, l'amphithéâtre est un lieu bien organisé. Ses infrastructures doivent permettre, comme dans nos stades actuels, d'assurer une bonne circulation du public ainsi que la sécurité de l'ensemble des personnes et du personnel.

En 59 ap. J.-C., dans le cadre d'un *munus*, une bagarre sanglante ayant opposé les habitants de Pompéi aux Nucériens avait poussé l'empereur à fermer l'arène de cette ville pour dix ans. Un texte de **Tacite** [112] ainsi qu'une peinture murale relatent cet incident tragique qui, à l'époque, avait fait grand bruit. Preuve que, de tous temps, les échauffourées entre supporters étaient choses courantes.

Pour cette raison, dans le cadre des spectacles, il est important de bénéficier d'un personnel qualifié – choisi parmi les meilleurs *ministri* – en capacité d'encadrer la foule dès son arrivée à l'amphithéâtre. Depuis les *ambulacres* – les couloirs de circulation – les *vomitoria*, souvent très décorées, permettaient de regagner les gradins. Ensuite, de petits escaliers, appelés *scalaria*, desservaient les différents niveaux de la *cavea*. Pour trouver le bon emplacement, circuler sans gêner les autres spectateurs déjà sur leur siège ou tout simplement demander un renseignement, le public pouvait compter sur des placeurs. Ces *locarii* ou *dissignatores* savaient, en observant le billet (*tessera*) d'une personne, à quel endroit celle-ci devait s'installer. De même, un superviseur, le *villicus amphitheatri*, était chargé de gérer les employés et de repérer les éventuels problèmes liés à une place mal attribuée ou à une fraude. De l'arène à la *summa cavea*, c'est donc toute une équipe de professionnels qui assurait le bon déroulement du spectacle.

Une fois dans les lieux, l'*arena* et la *cavea* apparaissent comme deux univers bien distincts, séparés par un imposant mur de *podium*. Il fallait éviter aux spectateurs d'avoir à partager leur place avec un félin audacieux ! De nos jours, combien d'exemples avons-nous de corridas qui ont tourné au drame parce qu'un taureau angoissé s'était subitement hissé jusque dans les tribunes ? Toutes les précautions devaient donc être prises lors des lancés mixtes qui mêlaient sur le sable des herbivores, des carnivores et d'autres espèces redoutables et imprévisibles comme les éléphants, les rhinocéros ou les serpents.

Ambulacres
de l'amphithéâtre
d'Arles (France).
(photo Damien Bouet.)

L'importance du *podium*

Le *podium* est une plate-forme située tout autour de l'arène constituée d'un haut mur de protection. En général, sa hauteur atteignait les 3 m comme au Colisée ou à Grand (Vosges), mais, à Metz, ce mur semble avoir été bien plus important, tandis qu'à Arles il n'était que de 2,67 m[113]. Cela paraît bien peu lorsque l'on connaît les capacités physiques de certains animaux. Un tigre, par exemple, peut facilement atteindre les 3 m de long, comme d'ailleurs le lion. Ces bêtes peuvent aisément se dresser sur leurs pattes de derrière comme l'illustre une mosaïque mise au jour à Bad-Kreuznach en Allemagne et leur saut peut, lui aussi, être tout à fait considérable. Nous savons que certaines panthères peuvent bondir bien au-delà de 4 m.

Pour toutes ces raisons, il était fréquent d'ajouter au mur du *podium* diverses protections. Un filet, une grille voire un canal (*euripus*) servaient à prévenir les risques et permettaient aux spectateurs assis au premier rang de suivre le spectacle en toute sérénité. Certains auteurs affirment que des archers postés dans les gradins étaient chargés d'abattre les bêtes trop entreprenantes. Preuve que la dangerosité de ces spectacles était très élevée. Il était primordial que tout se déroule parfaitement afin de faire rejaillir sur l'*editor* le prestige des jeux qu'il avait offerts. En 2017, l'épitaphe de la tombe d'un riche mécène, **Gneus Alleo Nigidius Maio**, découverte à Pompéi, a permis de prendre toute la mesure de l'organisation complexe qui présidait aux *venationes* et aux *munera*.

Pourtant, de tous les munéraires qui donnaient des *ludi*, c'est sans aucun doute l'empereur qui était en capacité d'étonner le plus en multipliant les apparitions rares, en exhibant des espèces extraordinaires et en faisant preuve d'une immense munificence. À travers lui, c'est bien la grandeur de Rome qui était mise en scène. Sur ce point, une mosaïque de la villa du Casale, près de Piazza Armerina en Sicile, donne une idée assez précise des moyens importants qu'il fallait mettre en œuvre pour pouvoir réunir dans l'arène une faune bigarrée en provenance des provinces les plus reculées de l'Empire.

Maxima spectacula : les coulisses d'un triomphe

Sous la République, le triomphe, *triumphus*, avait pour but de récompenser le général victorieux qui avait mené à bien une campagne militaire. Par sa bravoure et ses faits d'armes, ce conducteur de troupes, ce *dux*, au pouvoir de commandement extraordinaire, contribuait à étendre l'*orbis romanus* et à asseoir un peu plus la puissance de Rome.

Triomphe de Titus et de Vespasien, moulage en plâtre. (photo County Museum of Art, Los Angeles.)

À cette occasion, un cortège entrait dans la ville par la *Porta Triumphalis* puis, il se dirigeait vers le temple de Jupiter capitolin. En tête, s'avançaient des musiciens porteurs de trompettes, puis venait l'ensemble du butin accumulé lors de la conquête : enseignes ennemies, représentations des cités vaincues et des peuples soumis, œuvres d'art prestigieuses, prisonniers de guerre et chefs militaires puissants. Enfin, des animaux prévus pour le sacrifice fermaient la marche. Ils étaient suivis de près par le char du triomphateur.

Notons qu'à partir du règne d'**Auguste**, le triomphe devient l'apanage des seuls empereurs et donc du *princeps*. L'historiographe **Flavius Josèphe**[114] relate d'ailleurs avec beaucoup d'emphase celui célébré par **Vespasien** et **Titus** à la suite de leur victoire sur les Juifs en 71 ap. J.-C. À cette occasion, une profusion de richesses fut offerte à la vue du peuple.

À la lumière de ces exemples, nous pourrions considérer l'amphithéâtre comme l'espace consacré d'un triomphe perpétuel. D'ailleurs, dans l'arène, il existe une porte triomphale par laquelle les gladiateurs pénètrent à l'issue du défilé qui permet d'exhiber l'ensemble des intervenants (*pompa*).

Mieux que le cirque, le Colisée permet, par sa forme, la nature même de ses spectacles et le rôle qu'y tient l'empereur, de mettre en lumière la grandeur de Rome et l'immensité de son territoire. À côté du *forum* et du *palatium*, l'amphithéâtre flavien apparaît comme le troisième lieu du pouvoir politique, un cadre sur mesure où s'affirment et s'observent toutes les victoires romaines. L'espace au sein duquel le Prince est confronté au peuple dans une sorte de nouvel échange institutionnalisé.

Représentation d'un **captif**, statuette en bronze, Ier siècle av. J.-C, **Arles** (France). (photo Damien Bouet Musée de l'Arles Antique.)

[113] Ce chiffre semble être dans la moyenne des hauteurs de murs de *podium* établie par J.-C. Golvin. Golvin, 1988, p.314-319.
[114] *Guerre des Juifs*, VII, 4.

Le triomphe romain, huile sur toile de **Pierre Paul Tubens**, vers 1630. (National Gallery, Londres.)

À l'origine, les catégories de gladiateurs qui s'affrontent lors des exhibitions sont le résultat des conquêtes romaines. On met aux prises des hommes en arme utilisant l'équipement militaire et les techniques de combat de leur pays. Les Samnites, les Gaulois, les Thraces, puis les essedaires rappellent, par leur présence, les conflits qui ont opposé Rome à ses adversaires. Au Iᵉʳ siècle, avec le développement considérable des amphithéâtres dans toutes les provinces de l'Empire, cette imagerie conquérante – quoique modifiée par l'avènement de nouvelles catégories de combattants aux particularités plus techniques – reste toutefois omniprésente.

Dès lors, l'amphithéâtre apparaît comme une sorte de microcosme de l'univers maîtrisé par Rome. Selon cette vision, le chasseur a toute sa légitimité dans cet environnement très codifié. Par sa fonction d'éradicateur des nuisibles, de garant de l'équilibre du monde, il renvoie une image positive pleine de symboles au peuple.

Évocation d'un combat entre deux essedarii.
(photo Yann Kervran, ACTA.)

À Rome, la puissance dominatrice de César sur ses sujets se matérialise également par la geste du chasseur. À ce titre, certains supports iconographiques donnent une vision complexe de la manière dont les Romains appréhendent le monde. Sur ce point, le médaillon de la mosaïque de Bad-Kreuznach, datée du IIIᵉ siècle ap. J.-C., est particulièrement instructif. Il présente deux chasseurs dans l'attitude du combat, entourés par une multitude de bêtes. Par sa posture, le cavalier figuré dans la partie supérieure traduit la volonté du conquérant. Son bras droit, rejeté vers l'arrière, rappelle le geste des chefs de guerre sur le champ de bataille et sa prestance est telle qu'il ne manque pas d'évoquer l'image équestre et ordonnatrice de l'empereur. Plus bas, en position centrale, un *venator* à l'épieu meurtrit une panthère dont la patte relevée semble espérer de l'indulgence. D'autres animaux complètent cette scène originale : des herbivores, *animalia herbatica* (un renne, un cerf, un taureau et un oryx), des carnivores, *bestiae africanae* (un lion et une panthère), ainsi qu'un ours et un sanglier. L'agencement du pavement, comme le motif géométrique qui entoure le médaillon central, ne semblent pas avoir été choisis au hasard. La forme circulaire est susceptible évoquer l'*Orbis Romanum*, tandis que la ligne de postes – symbolisant les vagues – pourrait rappeler les flots, plus précisément la Mer Méditerranée (*mare nostrum*).

Médaillon de la *venatio*, mosaïque, IIIᵉ siècle ap. J.-c, **Bad-Kreuznach** (Allemagne). (photo Carole Raddato, Römerhalle Bad Kreuznach.)

Ce «lac» romain apparaît comme un point névralgique dans la politique de Rome. Il réunit l'Europe et l'Afrique fabuleuse d'où proviennent la majorité des espèces exhibées à l'amphithéâtre comme en témoigne de nombreuses scènes de capture. À Bad-Kreuznach, le commanditaire du pavement a insisté sur la provenance géographique des animaux et sur cette idée d'anthropocentrisme romain. Le lion lui-même, un animal noble qui incarne la force par excellence, fixe le regard du cavalier comme pour reconnaître sa supériorité. Grâce à une organisation habile, l'idée intrinsèque qui ressort de cette composition est la maîtrise de l'homme sur son environnement.

Cette iconographie structurée renvoie au prince qui, à l'image de **Titus** ou de **Commode**, lorsqu'il descend lui-même dans l'arène pour terrasser toutes sortes de créatures, affirme, aux côtés des chasseurs, sa capacité à protéger l'empire et à dompter ses éléments les plus farouches. Plusieurs textes de **Martial**[115] décrivent l'attitude de certaines bêtes face à l'empereur. Sa seule présence suffit à annihiler les velléités belliqueuses de la faune : *"Si, pieusement et à la façon des suppliants, se prosterne devant toi, César, un éléphant qui tout à l'heure était pour un taureau un si terrible adversaire, il n'agit pas ainsi par ordre ou sous la direction de son cornac : crois-en ma parole, lui aussi reconnaît en toi notre dieu".*

Cette révérence de l'animal devant l'empereur est une extrapolation du poète mais elle traduit bien l'état d'esprit romain face à la nature qui doit ployer sous la civilisation. Plusieurs scènes issues des décors de la céramique sigillée corroborent d'ailleurs cette idée. Elles montrent un lion rendu docile qui tend la patte vers son maître, le *magister*, en signe de soumission.

Les *venationes*, au cours desquelles s'affrontent des hommes et des bêtes, traduisent mieux que toute autre exhibition, les vertus suprêmes défendues par Rome. À l'instar d'**Hercule**, le chasseur devient indispensable à la communauté et remplit une fonction essentielle et régénératrice. En cela, il mérite d'être reconsidéré au sein des différentes catégories de combattants. ▮

[115] *Spectacles*, XVII.

Thrace, terre cuite, Italie, Iᵉʳ siècle ap. J.-c. (photo Carole Raddato, British Museum, Londres.)

Lion sur une **céramique sigillée**, atelier de **Mittelbronn** (France), IIᵉ siècle ap. J.-C. (DAO Damien Bouet, d'après K. Kazek.)

Panthère poursuivant un sanglier,
mosaïque, **Grand** (France), IIe siècle ap. J.-C.
(photo Kévin Alexandre Kazek.)

LES TROIS TEMPS DE L'AMPHITHÉÂTRE

Avec la création d'un édifice gigantesque consacré aux spectacles sanglants au cours desquels des hommes luttent entre eux et, d'autres, affrontent des bêtes, parfois terribles, devant un public toujours plus nombreux, les jeux ont naturellement été amenés à évoluer. La gladiature, la première, avait enclenché sa mutation avec le développement de nouvelles *armaturae* qui proposaient des améliorations techniques aux anciennes catégories traditionnelles. Ainsi, le Samnite et le Gaulois ont disparu pour donner naissance au *mirmillo* et au *secutor*.

[116] *Métamorphoses* XI, 25-27.
[117] *Vie des douze Césars, Claude V*, 34.
[118] *Vie des douze Césars, Caligula IV*, 26.

Les chasses, quant à elles, ont également pris une tournure nouvelle, et beaucoup plus extrême, avec la multiplication du procédé de la *damnatio ad bestias* et des *missiones passivae*, ces lancées mixtes au cours desquelles des multitudes de bêtes étaient jetées pêle-mêle dans l'arène pour s'entredéchirer.

Puis, vers l'an 6 de notre ère, une troisième exhibition, relatée par le poète **Ovide**[116] dans ses *Métamorphoses*, prend la suite de la *venatio*. L'auteur établit d'ailleurs une distinction nette entre l'arène matinale (*matutina harena*) qui accueille les chasses du matin et l'arène de midi (*meridiana harena*) qui reçoit un nouveau type de spectacle appelé *ludus meridianus*. **Suétone**[117] reprend d'ailleurs cette information lorsqu'il affirme, en parlant de l'empereur **Claude**, que *"Les luttes de bestiaires et les combats de midi lui plaisaient si fort, que non seulement il descendait au spectacle dès l'aube, mais restait à sa place à midi, quand le peuple sortait pour déjeuner"*.

Il renseigne encore[118] sur les individus qui prennent part à ces spectacles d'un genre nouveau, les *paegniarii*, longtemps pris, à tort, pour des bouffons ou, au mieux, pour des gladiateurs de parade, alors qu'il s'agit de véritables combattants luttant contre des animaux – ou leur semblable – à l'aide de bâtons ou de fouets.

Ainsi, progressivement, à partir des Julio-Claudiens, une journée passée à l'amphithéâtre s'organise en trois temps : les chasses le matin, l'affrontement et les exercices de dressage des *paegniarii* entre midi et quatorze heures, puis le combat des gladiateurs.

Les *bestiarii* et les *venatores* : des chasseurs spécialisés

Au premier abord, lorsque l'on s'intéresse aux *venationes* d'amphithéâtre, l'organisation de ces spectacles peut sembler très simple. Des chasseurs s'opposent à des animaux, tandis que des bêtes sauvages luttent entre elles. Pourtant, il est bien difficile de cerner les prérogatives des différents protagonistes qui prennent part à ces exhibitions sanguinaires sans un minimum d'analyse et le recoupement des sources en notre possession.

Deux *paegniarii* entourant un ours,
céramique, **Colchester**, seconde moitié du IIe siècle ap. J.-C.
(photo Damien Bouet, Colchester Museum.)

Les liens entre les trois types de spectacles précédemment évoqués sont très proches et il arrive souvent qu'un *paegniarius* soit amené à encadrer la lutte d'un chasseur à l'épieu dans une *venatio*. C'est ce que dévoilent plusieurs supports archéologiques comme la mosaïque, la sculpture, les médaillons d'applique ou la céramique sigillée.

Un grand relief, provenant de la petite ville de Malkara en Turquie, illustre parfaitement cette implication du combattant au fouet dans la chasse. Sur cette scène, nous découvrons plusieurs intervenants qui s'activent parmi des animaux. Un chasseur à l'épieu meurtrit un félin, tandis qu'à ses côtés intervient un *paegniarius lorarius* muni d'une étrivière. Plus loin, des combattants à mains nues luttent contre des ours, un *taurocenta* au couteau affronte un robuste taureau près d'un condamné, tandis qu'un voltigeur, participant à une *taurokathapsia*[119], chevauche un bovidé près d'un autre *paegniarius* et de combattants luttant à mains nues contre des ours. On devine également la présence d'un gladiateur ou d'un bestiaire au bouclier rond projeté dans les airs par un ursidé.

Les *noxii*, les *damnati ad bestias*, les acrobates *auctoratii* (engagés volontaires), les *bestiarii* et les *venatores* ont donc un rôle précis dans les mises en scènes sanglantes de l'arène. D'emblée, il est essentiel d'écarter de cette sélection le *belluaire*, un terme impropre dans le cadre de notre propos, puisque celui-ci n'est jamais utilisé à l'époque romaine pour parler des protagonistes de la chasse. Étymologiquement, il se rattache au mot *belua* qui signifie un «gros animal», mais n'a aucune pertinence historique et, surtout, technique.

Le *noxius*, quant à lui, est un criminel jeté aux fauves. Dans le cadre d'une *venatio* avec supplice, il peut être soit enchaîné, soit ligoté et parfois maintenu à un poteau d'infamie (*stipes*) dont certains exemplaires sont des mats roulants comme il apparaît sur la mosaïque de Zliten en Libye. Ce sont donc des *damnati ad bestias* voués à une mort inéluctable. À ce sujet, **Sénèque**[120]

fournit une description poignante de ces personnages : *"L'être humain, chose sacrée pour l'homme, on l'assassine désormais par divertissement et passe-temps ; il était déjà sacrilège de le former à porter et à recevoir les coups. Maintenant, on le produit nu, sans armes et le clou du spectacle que donne un homme, c'est sa mort."*

Ce *noxius* est un *bestiarius*, mais dans le sens de « condamné aux bêtes ». Il ne faut pas le confondre avec le véritable *bestiarius* armé, combattant lourdement équipé, qui manie le *scutum*, le glaive ou la hache. G. Ville[121] parle de cette double réalité du *bestiarius* lorsqu'il évoque l'attitude de **Tertullien** qui s'indigne du sang versé par cet individu : *"Nous ne savons pas trop si ce bestiarius est un chasseur de l'arène ou un condamné aux bêtes"*.

Noxius sur un **poteau d'infamie**, mosaïque, **Zliten**, IIIᵉ siècle ap. J.-C. (photo Joe Carnegie.)

[119] Ce sport est originaire de Crète en Grèce. Il était très pratiqué à l'époque minoenne.
[120] *Épîtres*, 95, 33.
[121] Ville, 1981, p.465.

Noxius ligoté, Iᵉʳ siècle ap. J.-C., dessin d'un fragment de céramique sigillée de l'atelier de La Graufesenque (France). (DAO Damien Bouet, d'après Kévin Alexandre Kazek.)

Venatores, dresseurs et acrobates, marbre, **Malkara** (Turquie), IIᵉ-IIIᵉ siècle ap. J.-C. (photo *Wikimedia Commons*.)

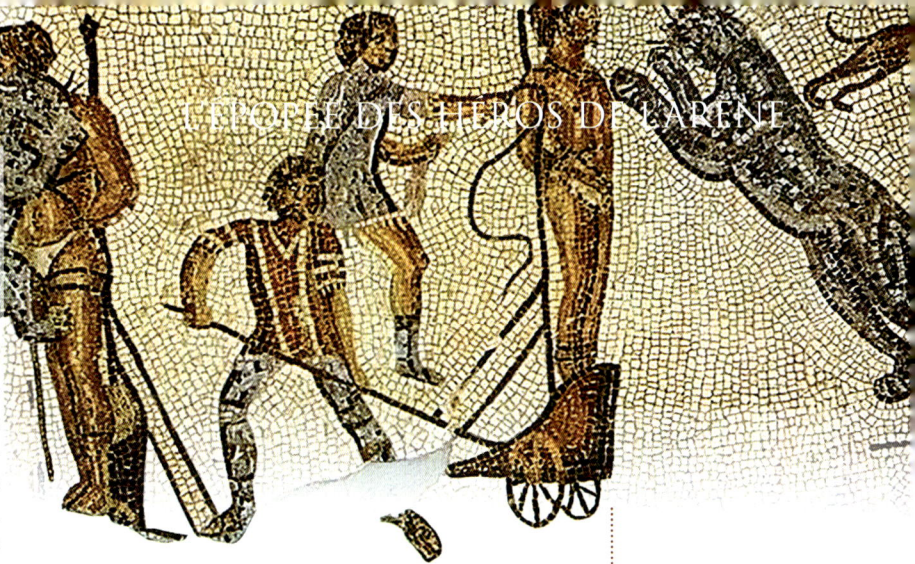

Taurocenta contre taureau, Ier siècle ap. J.-C., dessin d'un fragment de céramique sigillée de l'atelier de **La Graufesenque** (France).
(DAO Damien Bouet, d'après Kévin Alexandre Kazek.)

Taurocenta, mosaïque, **Vallon** (Suisse), début du IIIe siècle ap. J.-C. (photo Kévin Alexandre Kazek, Musée romain de Vallon-Carignan.)

[122] P.-J. Meier, *Bulletin de l'Institut archéologique de Rome*, 1884, p.159.
[123] *Satire*, IV, p.99-101.
[124] *Spectacles*, XI.
[125] *Métamorphoses*, IV, 13.
[126] *Métamorphoses*, III, VIII, 16.
[127] *Satyricon*, 45.
[128] *Vatinius*, XVII, 40.

Le Bestiaire, un combattant lourdement équipé

De nombreux auteurs contemporains ont tenté de différencier le veneur du bestiaire sans jamais y parvenir. À chaque fois, des considérations d'ordre social ont été avancées pour tenter de distinguer l'un de l'autre. Ainsi, c'est encore l'approche dixneuvièmiste de P.-J. Meier[122] qui semble la plus intéressante puisque, d'après lui, le *bestiarius* était moins armé que le *venator*. L'historien prend en compte la panoplie pour essayer d'esquisser un début de différenciation entre ces deux combattants. Et c'est assurément cette piste qui doit être développée.

Les sources antiques semblent appuyer cette hypothèse « technique ». **Juvénal**[123] parle, par exemple, d'un *venator* qui combat sans armure. **Martial**[124] va plus loin en décrivant l'armement particulier de ce chasseur. Selon lui, il se sert d'épieux (*venabula*) et manie le javelot (*lancea*). **Apulée**[125] insiste par ailleurs sur l'agilité de certains veneurs. Un indice susceptible d'appuyer l'idée d'absence de protections. En effet, moins l'armement est conséquent plus le combattant sera véloce. Ce même auteur confirme les dires de Martial sur le type d'armement de ces hommes et explique que les chasseurs, d'une manière générale, utilisent des armes très simples [126] : *"L'un portait un javelot, l'autre un épieu de chasse, ce-lui-ci des dards, celui-là un bâton ; certains avaient des pierres que le sentier rocailleux fournissait en abondance ou brandissaient des pièces de bois taillées en pointe".*

À la lumière de ces exemples, on s'aperçoit qu'il existe un homme luttant contre des bêtes avec des armes d'hast : épieu et javelot. Son pendant plus lourdement équipé, qui n'est pas un gladiateur, serait donc le fameux bestiaire qui va privilégier le glaive, le bouclier, le casque, la hache (contre le taureau surtout) et, parfois, une cotte de maille ou une cotte d'écaille. La céramique sigillée et la terre cuite fournissent quelques modèles, comme d'ailleurs certains bas-reliefs que nous avons déjà présentés.

Le bestiaire est mentionné dans les textes anciens à plusieurs reprises, notamment chez **Pétrone**[127] qui renseigne sur les gladiateurs d'un certain **Norbanus** qui semblent bien moins vigoureux que ces chasseurs de bêtes féroces. De même, le rapprochement fait par **Cicéron**[128] entre les gladiateurs et les bestiaires, au sujet des hommes d'un certain **Milon**, prouve bien qu'un lien panoplitique existe entre ces deux types de combattants qui manient des armes offensives et défensives très similaires.

D'ailleurs, les deux termes sont souvent réunis pour expliquer que ces guerriers spécialisés assurent la sécurité des puissants et forment une sorte de garde personnelle. Dans ces conditions, il va s'en dire que l'usage d'un épieu ne serait pas d'un très grand intérêt.

Paegniarius contre un ours, fragment de céramique, IIe siècle ap. J.-C. (photo Damien Bouet, Römisch-Germanisches Museum, Cologne.)

Le Bestiaire, tueur de taureaux :

Il existe dans la *venatio* un personnage original qui apparaît à plusieurs reprises dans l'iconographie des spectacles de l'arène. Il s'agit du *taurocenta*. Ce combattant qui est toujours opposé à un robuste taureau combat à l'aide d'un bouclier, le *scutum* et d'une hache, la *securis* sur de nombreux supports comme la sigillée ou la mosaïque.

Il arrive parfois que son arme offensive soit un *culter* (couteau de chasse), une pique ou une petite lance. Son vêtement quant à lui passe de la tunique au justaucorps selon une évolution naturelle qui semble toucher l'ensemble du personnel de la *venatio* et du *ludus meridianus*, entre le Ier et IIIe siècle ap. J.-C.

C'est l'étude approfondie de ce chasseur de taureau qui a permis d'envisager l'existence d'au moins deux *armaturae* dans la chasse : celle des *bestiarii* lourdement équipés et celle des *venatores* bénéficiant d'un équipement moins encombrant qui leur offre une meilleure agilité. En effet, une inscription d'**A. Clodius**[129], trouvée à Pompéi, datant de l'époque augustéenne, mentionne deux termes différents pour désigner l'homme aux prises avec un taureau.

L'un, appelé *taurocentas*, apparaît après le terme *tauros*, l'autre nommé *taurarios* suit, lui aussi, le mot *tauros* mais semble caractériser un autre genre de combat. Preuve, sans doute que, selon la technique employée, le nom du chasseur de taureau change. Une scène intéressante issue de l'atelier de céramique sigillée de la Graufesenque montre un chasseur à la tunique serrant dans ses mains un simple épieu semblable à celui utilisé par le *venator* luttant contre l'ours, la panthère ou le cerf. Ici, ce combattant s'oppose à un taureau et ne porte pas d'équipement défensif. Il pourrait donc s'agir d'un *taurarius* armé du *venabulum*.

Taurarius, Ier siècle ap. J.-C., dessin d'un fragment de céramique sigillée de l'atelier de **La Graufesenque** (France). (DAO Damien Bouet, d'après Kévin Alexandre Kazek.)

Ce genre de représentation n'est pas isolé et plusieurs personnages identiques figurent sur d'autres supports archéologiques. L'un d'entre eux, très connu, est un bas-relief du tombeau d'Umbricius Scaurus à Pompéi sur lequel un *taurarius* désigne, d'un geste appuyé, la bête qu'il vient de meurtrir.

Notons que G. Ville[130] lui-même, analysant les divertissements offerts par Clodius, distinguait les *taurocentas* – c'est-à-dire les bestiaires – des *taurarii venatores* de la *venatio* sans toutefois l'expliquer. Ainsi, le *distinguo* entre ces deux combattants semble désormais bien établi.

[129] *CIL*, X, 1074 d.
[130] Ville, 1981, p.178.

Scène de chasse au taureau et au lion, mosaïque, IVe siècle ap. J.-C., *villa Dar Buc Ammera*, **Leptis Magna** (Libye). (photo Georges Bernage, Villa Borghèse.)

MAMERTINVS · ROMANVS · LVXVRIVS

MAGERI

ADCIAMATVMSE
EXEMPLOIVONE/
AVSSEDISCANT
FVTVRIAVDIANT
PRAETERITI·VNDE
TALEQVANDOTALE·
EXEMPLOQVAESIO
RVMAAVNVSEDES
DERETVAMV
NVS·EDES
STA·DIES
MAGIRVSEO
NIKIHOCISIHABE
REHOCESTPOSSE
HOCESTIA·NOXESI
IAMANERETVO
SACCISMISSOS

PERCVRIONEM
DICTVM·DOMI
NIMEIVT
TELEGENI
PROLEOPARDO
M·RITVMARA
BEANIVESTRI
FAVORISDONA
TEIISDENARIOS
QVINGENTOS

MAGERI

SPITTARA · VICTOR · BVLLARIVS · CRISPINVS · HILARINVS

L'exemple de l'*Ursarius* pour comprendre ?

Le terme *ursarius* apporte un éclairage sur la signification du mot *taurarius*. Trois inscriptions permettent de découvrir cette appellation particulière fondée sur la racine *ursus*, l'ours.

L'une provient de Zürich[131], en Suisse, et doit être rattachée au camp légionnaire de Vindonissa, la seconde vient de Xanten[132], près de Cologne en Allemagne, où se trouve le *Castra Vetera*, la base arrière établie pour les campagnes de Germanie, tandis que la dernière a été retrouvée à Aix-en-Provence[133] dans un contexte très différent. Cette dernière évoque, en effet, un médecin mort à 19 ans, considéré comme un « *comes ursariis* », c'est-à-dire un compagnon des *ursarii*.

Son rôle était de soigner les blessures de ces chasseurs à l'épieu qui privilégiaient le combat contre l'ours comme en témoigne une vignette de la mosaïque de Bad-Kreuznach qui oppose un *ursarius* à un petit ours.

Il apparaît qu'être *ursarius* ne signifie pas que l'on possède une maîtrise technique différente des autres *venatores* à l'épieu. C'est un qualificatif qui semble désigner celui qui lutte contre un ours ou celui qui côtoie des ours comme ce combattant nommé Neoterius qui est venu à bout de trois ursidés. Ainsi, le *taurarius* pourra être considéré comme un *venator* qui privilégie la lutte contre le taureau, tandis que le *cervarius* sera un *venator* qui préférera le cerf et le *pardarius*, un *venator* chassant le léopard comme l'illustrent plusieurs scènes de la mosaïque de Smirat en Tunisie, sur laquelle s'activent Spittara, Bullarius, Hilarinus, Magerius et Mamertinus.

Or, chaque espèce étant différente d'un point de vue morphologique et, considérant les innombrables variétés d'épieux répertoriés sur nos différents supports, ne faut-il pas supposer que, selon la vitesse de percussion de l'animal, sa taille, son poids, sa vivacité et son endurance, le *venator* choisira une espèce qu'il apprendra à mieux appréhender au fil de ses entraînements et de ses combats ?

L'étude de la variété des caractéristiques techniques de la lutte au sein même de l'*armatura* des *venatores* et la notion de spécialisation des chasseurs à l'épieu seraient, dès lors, deux propositions à mieux considérer.

Le *Venator*, spécialiste de l'épieu ?

Bien que le javelot et la javeline soient deux armes de jet susceptibles d'être utilisées par le *venator taurarius*, les sources littéraires font fréquemment état de l'épieu comme arme de prédilection du chasseur d'amphithéâtre.

Il s'agit d'une arme relativement simple mais très efficace au combat. Elle est constituée d'une hampe en bois, d'une extrémité surmontée d'un fer plus ou moins long[134] et, parfois, d'un talon[135].

D'ailleurs, un combat entre un *venator* et un robuste lion sur une mosaïque, découverte à Thélepte en Tunisie, focalise l'attention sur cette arme essentielle dans la lutte du chasseur.

Si l'épieu, utilisé par ce dernier, est en partie masqué par la morphologie imposante du félin, deux *venabula* munis de grandes pointes effilées encadrent la scène et attirent d'emblée le regard de l'observateur. Cette mise en valeur n'est pas anodine et traduit parfaitement le caractère particulier de cet attribut qui est intimement lié au *venator*. Il s'agit en effet du seul rempart entre lui et la bête qu'il affronte. **Martial**[136] précise à ce sujet : *"Ils recevront le choc du sanglier, ils attendront l'élan du lion, ils transperceront les ours : il suffit que ta main soit solide"* et donne ainsi de précieuses indications sur le type d'espèces qu'il permet d'affronter.

Le *venator* Neoterius, mosaïque, IIIe siècle ap. J.-C., Maison des autruches, Sousse (Tunisie). (photo Kévin Alexandre Kazek, Musée archéologique de Sousse.)

[134] À la base duquel peut parfois se trouver une sorte de cran d'arrêt pour bloquer la progression de l'animal.
[135] Il s'agit de la partie inférieure de la hampe qui peut être pourvue d'un élément métallique en forme de boule ou de pointe.

Venator contre lion, mosaïque, IIIe siècle ap. J.-C., Thélepte (Tunisie). (photo Erik Groult, Musée du Bardo.)

le tenir sous peine de continuer le combat au couteau sans autre protection qu'une simple tunique : *"Si tu gémis de voir tomber à terre ton épieu au long fer, cette arme courte (le couteau) affrontera de près l'énorme sanglier."*[137]

Dans ces conditions, les risques de blessures ou de mort sont inéluctables comme le dévoilent plusieurs scènes issues de la céramique sigillée qui montrent des *venatores* piétinés par des félins ou combattant dans une posture inadaptée.

À l'opposé, les chasseurs, figurés sur les pavements de Smirat ou de Bad-Kreuznach, semblent maîtriser parfaitement le maniement du *venabulum*. Ils frappent les bêtes au bon endroit, au cœur, orientent leur arme en fonction de l'attitude de la bête et de sa position au moment de l'impact et utilisent des épieux dont les fers doivent sans doute être d'une grande diversité.

Ces fers servaient-ils pour des échanges plus techniques entre l'homme et l'animal ? S'agissait-il, à l'instar d'une sorte de joute ou de duel, d'utiliser des épieux de différentes formes pour affaiblir les bêtes, faire durer le spectacle ou les tuer sur le coup ?

Les représentations données dans les amphithéâtres de province devaient sans doute privilégier ces différentes manières de lutter. Ici, une faune locale, souvent bon marché, permettait de mettre en contact des combattants armés de différentes sortes d'épieux avec de nombreuses espèces. Les édifices de spectacles dits « mixtes » rappellent probablement ces échanges pernicieux où le sang devait couler à flot comme l'illustre l'iconographie de nombreuses mosaïques.

Venator contre lion, Ier siècle ap. J.-C., dessin d'un fragment de céramique sigillée de l'atelier de **La Graufesenque** (France). (DAO Damien Bouet, d'après Kévin Alexandre Kazek.)

[136] *Spectacles*, XIV, *Apophoreta*, XXX.
[137] *Spectacles*, XIV, *Apophoreta*, XXXI.
[138] *CIL*, XIII, 12048.

Lorsque le *venator* maintient fermement son arme, il y a peu de chance pour qu'il soit en contact direct avec l'animal qui se dirige vers lui. La longueur de la hampe assure une distance de sécurité et, à lire Martial, on a presque l'impression que tout cela est d'une grande simplicité. Une simplicité qui concourrait presque à relativiser cette idée de spécialisation de la lutte et de caractéristiques techniques du combat.

Il faut toutefois éviter de perdre l'épieu avec lequel on se défend et, surtout, il ne faut pas mal

Chasseurs contre sanglier lors d'une chasse réelle en forêt. Ici, la présence des chiens permet d'évoquer un exercice cynégétique, mosaïque, **Piazza Armerina**, fin IVe siècle ap. J.-C. (photo Georges Bernage.)

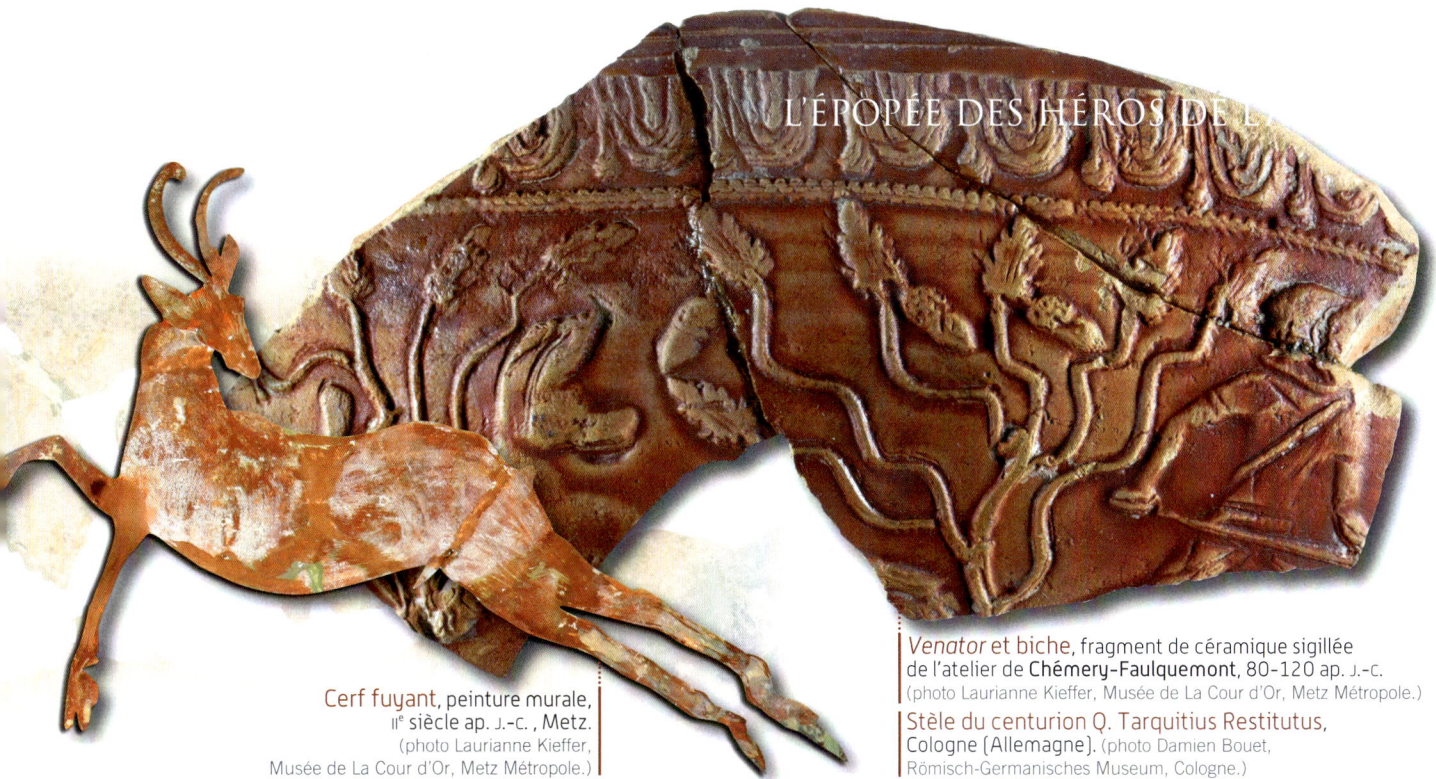

Cerf fuyant, peinture murale,
IIᵉ siècle ap. J.-c. , Metz.
(photo Laurianne Kieffer,
Musée de La Cour d'Or, Metz Métropole.)

Venator et biche, fragment de céramique sigillée
de l'atelier de **Chémery-Faulquemont**, 80-120 ap. J.-c.
(photo Laurianne Kieffer, Musée de La Cour d'Or, Metz Métropole.)
**Stèle du centurion Q. Tarquitius Restitutus,
Cologne (Allemagne).** (photo Damien Bouet,
Römisch-Germanisches Museum, Cologne.)

L'importance de la faune locale

Lorsque l'on quitte les fastes du Colisée, et hormis quelques exceptions, c'est essentiellement un regroupement d'animaux régionaux qui apparaît dans les amphithéâtres de province. Autant dire que l'émotion suscitée par ces ménageries est parfois de moindre intérêt bien que le caractère imprévisible de certaines bêtes et le talent des combattants puisse compenser l'absence de créatures extraordinaires. Cette constatation est largement corroborée par l'iconographie des matériaux retrouvés en fouilles. Si la céramique sigillée permet de découvrir des lions et des panthères mais surtout des animaux très communs opposés à des *venatores*, en revanche, aucun tigre, crocodile, autruche, serpent ou rhinocéros ne figurent sur la panse des vases.

Le coût de l'approvisionnement en espèces rares explique en partie cette absence. Ainsi, les spectateurs font contre mauvaise fortune bon cœur et focalisent leur attention sur la lutte du *venator* opposé aux cerfs, aux sangliers et aux ours qui foisonnent dans les forêts giboyeuses de Gaule et de Germanie. Une dédicace à **Diane** retrouvée à Cologne indique les exploits du centurion **Q. Tarquitius Restitutus** qui rapporte avoir capturé cinquante ours en six mois[138]. Il s'agit d'une bête noble qui était fréquemment opposée au *venator*.

À l'instar de sa renommée acquise dans le Colisée de Rome, le *venator* incarnait, dans les différentes provinces de l'Empire, la bravoure au combat. Bien davantage que les gladiateurs exhibés dans les amphithéâtres les plus prestigieux, le véritable héros de l'arène semble bien avoir été le chasseur. ■

Sanglier,
statuette en bronze.
(photo Damien Bouet,
Musée d'Archéologie Nationale, Saint-Germain-en-Laye.)

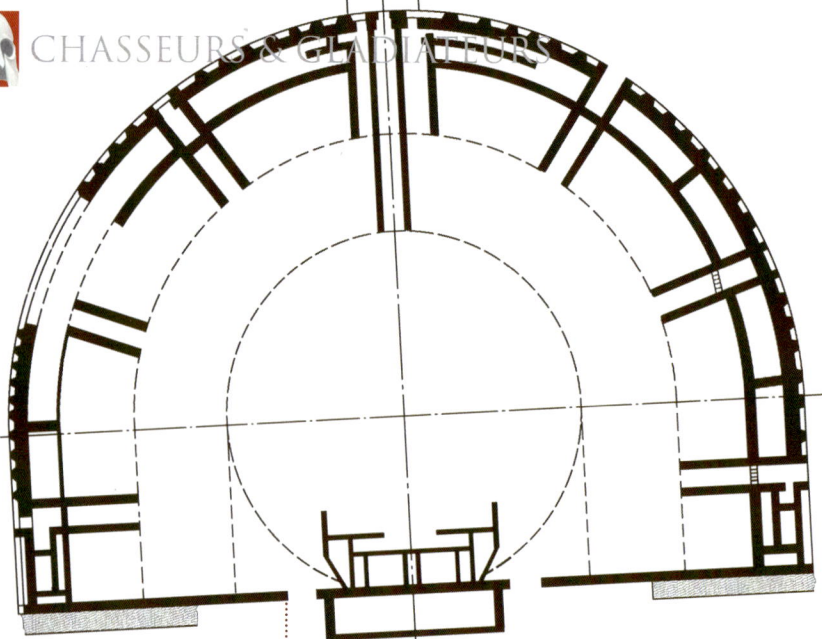

Plan du théâtre-amphithéâtre du Vieil-Évreux (France), IIᵉ siècle ap. J.-C. (DAO Damien Bouet, d'après Bonnin.)

Cernunnos entouré par deux personnages, pierre calcaire, Iᵉʳ–IIᵉ siècle ap. J.-C., Moselle (France). (photo Laurianne Kieffer.)

Des édifices de spectacle originaux

En Gaule, la particularité de certains édifices et l'originalité de leurs formes tendent à confirmer cette hypothèse. Il existait, en effet, des constructions dites « mixtes », sortes de théâtres amphithéâtres[139] et semi-amphithéâtres[140] qui différaient notablement de l'amphithéâtre elliptique de type classique. Le meilleur exemple de théâtre amphithéâtre est celui du Vieil-Évreux (Eure) dont la datation est postérieure à 117 ap. J.-C. Un autre site tout à fait remarquable daté de la fin du Iᵉʳ siècle ap. J.-C. se trouve à Sanxay dans la Vienne. La ville de Lutèce (Paris) possédait elle aussi un édifice mixte dans lequel pouvaient se dérouler des *venationes* et des représentations théâtrales.

La preuve de l'existence de ces monuments soulève la question de la teneur des exhibitions dans les théâtres amphithéâtres gaulois. L'hypothèse de manifestations rappelant des cultes traditionnels servant à exalter les bienfaits de certaines divinités protectrices indigènes n'est, *a priori*, plus à exclure. Le cycle de **Cúchulainn**, bien qu'issu de la mythologie irlandaise, l'illustre parfaitement.

Par ailleurs, plusieurs divinités gauloises, toujours vénérées après la conquête, sont très proches de la nature et des saisons. Elles possèdent une fonction cynégétique très marquée. C'est le cas de **Belisama** déesse guerrière et chasseresse, mais également, dans une certaine mesure, de **Cernunnos**, le dieu aux bois de cerf qui patronne la vie-mort-renaissance des espèces animales et qui pourrait, pour cette raison, être associé à l'univers de la chasse. Ces passerelles culturelles permettent de comprendre l'immense succès des *venationes* en Gaule sous l'Empire et l'importance que pouvaient avoir les chasseurs d'amphithéâtre. Dans ce contexte, le rôle social de cet individu prend réellement tout son sens.

De même, la réunion de tels combattants devait sans doute être beaucoup moins coûteuse qu'un *munus* offrant plusieurs paires de gladiateurs. À

Théâtre-amphithéâtre de Sanxay (France), fin du Iᵉʳ siècle ap. J.-C. (photo Pierre-Yves Alabert.)

l'exception des bestiaires, l'entraînement de ces hommes était probablement plus simple puisqu'il s'inspirait de pratiques quotidiennes largement usitées. Loin d'être des bouchers exterminant sauvagement des animaux jetés pêle-mêle dans l'arène, les chasseurs répondaient probablement aux attentes sociétales voire religieuses du public en réactivant le souvenir de certaines traditions immémoriales. En cela, les bestiaires et les *venatores* semblent très proches des *paegniarii* dont l'attrait, en Gaule notamment, était considérable.

Les *Paegniarii* des combattants méconnus

Pendant longtemps, ces combattants atypiques n'ont pas intéressé les historiens des jeux. D'ailleurs, les sources antiques elles-mêmes ne font pas grand cas de ces participants au *ludus meridianus* et leur nom reste peu mentionné. C'est sans doute **Suétone**[141], le premier, qui évoque ces personnages lorsqu'il insiste sur la cruauté de **Caligula** qui profite d'un soleil torride pour accabler le public et ridiculiser des hommes vénérables en les faisant lutter comme *paegniarii*.

Il se trouve qu'en Gaule, ces *paegniarii* apparaissent régulièrement dans l'iconographie des spectacles. Leurs armes, leurs protections et leur posture proposent une image bien différente de la vision négative qu'en donnent les auteurs contemporains. Joseph Déchelette[142], par exemple, les décrit en ces termes : *"Leur rôle était de divertir le public par le spectacle d'une bastonnade burlesque, aussi n'étaient-ils armés que de bâtons et de fouets".* Si les attributs que leur accorde ce grand céramologue sont véritables, la fonction de ces participants ne se limite pas à un simple exercice inoffensif pendant lequel ils échangent de vulgaires coups de bâtons. Ils ne sont pas de simples gladiateurs de parade, des « guignols » avant l'heure qui servent à amuser la galerie.

Ce sont de vrais combattants protégés par une sorte de « manche-bouclier » au bras gauche,

Lutte entre deux *paegniarii*, mosaïque, fin du IIe siècle ap. J.-c, villa gallo-romaine de **Nennig** (Allemagne). (photo Carole Raddato, Römermuseum, Nennig.)

capables de manier le fouet[143] (*flagellum*) avec habileté, le bâton droit (*fustis*) et même le bâton recourbé[144] (*pedum*) comme l'illustre un panneau très vivant de la mosaïque de Nennig en Sarre, sur lequel deux *paegniarii* se heurtent avec vivacité.

Mais ces individus méconnus savent aussi se mesurer à des bêtes sauvages dans le cadre d'exercices violents – et particulièrement sanglants – qui s'apparentent à un dressage au cours duquel ils cherchent à réduire les velléités de l'animal qu'ils appréhendent ou qu'un *venator* vient de blesser. Ici, le *paegniarius* cherche à illustrer les capacités de résistance de certaines espèces, un peu comme le fait un torero qui s'oppose à un taureau.

[139] Ces édifices ressemblent au théâtre mais en diffèrent par la présence d'une petite arène qui occupe l'emplacement habituellement réservé à l'*orchestra*, le parterre situé devant la scène du théâtre.
[140] Ces constructions tiennent davantage de l'amphithéâtre que du théâtre car elles possèdent une arène elliptique et une très petite scène. On les appelle parfois demi-amphithéâtres.
[141] *Vie des douze Césars*, Caligula, IV, 26.
[142] *Déchelette*, 1904, p. 222.
[143] Le fouet possède une variété de forme et de taille pratiquement aussi importante que le fer du *venabulum*.
[144] Cette arme recourbée doit sans doute servir à bloquer les attaques adverses.

Paegniarius et panthère, mosaïque, fin du IIe siècle ap. J.-c, villa gallo-romaine de **Nennig** (Allemagne). (photo Carole Raddato, Römermuseum, Nennig.)

Il apparaît donc que le *paegniarius*, à l'inverse des *bestiarii* et des *venatores* de la *venatio*, possède une double compétence. Celle de lutter à la fois contre son semblable et contre des animaux sauvages. Et cela, semble-t-il, sans modifier considérablement sa technique de combat. Pour cette raison, sa présence dans les édifices de spectacle de province devait être fréquente.

Paegniarius versus paegniarius

Dans cette opposition, deux combattants appartenant à la même *armatura* s'affrontent en combat singulier. Par sa nature, cet appariement évoque l'univers du *munus* et le combat fratricide des *equites* ou des *provocatores*. G. Lafaye[145] ajoute qu'« *il y avait des* paegniarii *dans la troupe impériale du* ludus magnus [l'école de gladiateurs à Rome] » et que les « *combattants dont la vie était en jeu* […] *les considéraient comme des camarades* ».

Si cette lutte n'était qu'une pantalonnade, il y a fort à parier que les gladiateurs mépriseraient les *paegniarii*. De surcroît, une inscription retrouvée à Rome[146] conforte l'hypothèse selon laquelle les gladiateurs et les pégniaires partagent les mêmes buts puisqu'elle mentionne l'existence d'un collège au sein duquel se retrouvent ces deux types de combattants. Il convient donc de reconsidérer l'implication des *paegniarii* dans le cadre des jeux de l'amphithéâtre.

Sur ce point, les sources iconographiques sont sans équivoque et montrent des hommes vêtus d'un justaucorps rembourré et d'une protection d'avant-bras qui corroborent la violence des coups portés lors du combat. Il va sans dire que les saignements devaient être répandus dans ces conditions puisque le visage et le bras droit de ces hommes n'étaient pas protégés. Pour toutes ces raisons, ces *paegniarii* méritent d'être considérés comme de vrais *pugnatores*, au même titre que les gladiateurs.

L'usage du fouet demande un apprentissage sérieux dans le cadre d'un entraînement qui était sans doute à risque. C'est bien évidement au contact des bêtes sauvages que son maniement appelle la plus grande dextérité.

Paegniarius versus bestiae

Dans cette opposition, le *paegniarius* abandonne son bâton droit et son *pedum*. Il conserve simplement son fouet et son bouclier cintré au bras gauche. Pour attirer une bête ou la stimuler, il arrive parfois qu'il utilise un appât ou un quelconque objet. Sur le pavement de Vallon, il s'agit d'une étoffe, tandis qu'à Reims un élément difficilement identifiable est maintenu dans la main droite du protagoniste. Ce pourrait être un anneau ou la lanière incomplète d'un fouet.

Venatio en présence de *paegniarii*, mosaïque, début du IIIe siècle ap. J.-C., villa de Vallon (Suisse). (photo Musée romain de Carignan.)

Notons que les liens entre les *venatores* et les *paegniarii* sont proches, notamment au niveau du vêtement qui passe du port de la tunique à l'usage d'un justaucorps parfois très décoré comme l'illustrent parfaitement plusieurs poinçons de céramique sigillée. Il arrive fréquemment que l'un et l'autre se côtoient lors des spectacles de chasse. Ce dont témoigne la grande mosaïque de la *venatio* mise au jour à Vallon en Suisse, sur laquelle plusieurs *paegniarii*, munis d'appâts et de fouets, entourent un ours bondissant. Leur rôle est probablement d'exciter l'animal avant qu'il ne soit opposé à un *venator*.

[145] *Dictionnaire des Antiquités grecques et romaines*, gladiator, p.1589.
[146] *CIL*, VI, 00631.

Paegniarius, IIe siècle ap. J.-C., dessins de fragment de céramique sigillée des ateliers de **La Graufesenque** (France) [à droite] et de **Trèves** (Allemagne) [à gauche]. (DAO Damien Bouet, d'après K.Kazek.)

À la lumière de ces exemples, nous pouvons nous demander quel rapport le *paegniarius* entretient avec la bête qu'il affronte. Est-il un véritable combattant d'animaux ? Un dresseur qui réalise des tours ? Un organisateur de la lutte du *venator* ?

Outre l'image dangereuse qu'elle reflète de l'implication des *paegniarii* dans les exhibitions de l'arène, une scène, issue du pavement de Nennig, fournit peut-être un indice. Comme à Vallon, on y découvre trois *paegniarii* aux prises avec un ours à la différence près que l'un des individus subit sa charge fougueuse. Cet homme, qui vient de tomber au sol, et qui a sans doute mal jaugé la réaction de l'ursidé, est littéralement piétiné par la créature qui semble hors de contrôle et qui n'a pas l'air de souffrir des multiples coups d'étrivière qu'elle reçoit. Hormis exciter davantage l'animal, cet attribut ne peut en aucun cas en venir à bout, même si la lanière est longue et robuste. Le *paegniarius* ne peut donc pas être considéré comme un réel combattant lorsqu'il s'oppose à des bêtes.

Par contre, il possède des notions de dressage. L'utilisation de plusieurs objets pour attirer l'animal, l'usage d'une longue baguette – comme il apparaît sur la mosaïque de Nennig – avec laquelle il peut, soit ordonner une action, soit montrer une blessure, prouve qu'il existe une interaction entre lui et la bête.

Mais le *paegniarius* n'est pas non plus un *magister*, un véritable dompteur. La relation qu'il entretient avec l'animal n'a absolument rien de complice. Il s'agit ici d'un rapport de force, de soumission violente. Le fouet incarne l'autorité sévère et un simulacre de dressage. Ce dressage est d'ailleurs imposé dans l'instant par la peur ou face à une bête affaiblie. L'usage du bouclier cintré se comprend mieux dans ce contexte. Il peut protéger des coups de griffes et servir, peut-être, « au mordant » dans un cadre bien défini.

D'une certaine manière, muni de sa combinaison rembourrée, de sa baguette qui rappelle le bambou fendu employé par certains maîtres-chiens et de sa protection de bras qui n'est rien d'autre qu'une « manchette », comme celle utilisée par le dresseur canin, le *paegniarius* se rapproche d'un « homme d'attaque », mais sans la contrepartie positive de cette discipline.

Pour cette raison, nous pouvons supposer que le rôle des *paegniarii* est plutôt d'organiser le combat des *venatores*. Ainsi, il semble bien que, lorsqu'ils interviennent dans une *venatio*, ils officient comme « fouettards » et stimulateurs. Dans ce cadre précis, lorsqu'un animal a perdu de sa vivacité, ils peuvent également proposer un exercice de « pseudo-dressage » au public. Il convient donc de les considérer comme des *paegniarii lorarii*, alors que lorsqu'ils participent à un *ludus meridianus*, ils privilégient plutôt leur rôle de *pugnatores*. En cela, ils annoncent les combats de l'après-midi donnés par les gladiateurs.

Paegniarii contre un ours, mosaïque, fin du IIe siècle ap. J.-C., villa gallo-romaine de **Nennig** (Allemagne).
(photo Carole Raddato, Römermuseum, Nennig)

Pseudo-paegniarius luttant contre un ours utilisant le *galerus* d'un rétiaire.
(photo Pax Augusta)

Paegniarii, mosaïque, **Zliten** (Turquie), IIIe siècle ap. J.-C.
(photo René Voorburg, As-Saraya al-Hamra Museum, Tripoli.)

[147] *Histoires naturelles*, VIII, 55.
[148] *Histoires naturelles*, VIII, 56.
[149] *Nuits attiques*, V, 14.
[150] *Étymologies*, XVIII, 56. « *Laqueariorum pugna erat fugientes in ludo homines iniecto laqueo inpeditos consecutosque prostrare amictos umbone pellicio* ».
[151] *Dictionnaire des Antiquités grecques et romaines, gladiator*, p.1589.
[152] Teyssier 2009, p.171.
[153] J. Dubois, *Ludi et circenses. 1. Les combats de gladiateurs*, Bruxelles, 1978.

L'originalité du *Magister*

S'il est un personnage à part dans l'univers de la *venatio*, c'est bien le *magister*. Étymologiquement, ce terme signifie le maître, celui qui enseigne ou celui qui dirige et c'est précisément cette image que nos sources représentent. À l'inverse du *paegniarius*, le *magister* connaît parfaitement l'animal qu'il côtoie, il le commande sans risquer sa vie. Il participe à la chasse en exhortant sa bête apprivoisée à chasser pour lui comme l'illustrent deux vignettes de la mosaïque de Vallon. Ici, le maître indique à un lion, à l'aide de son index, quelle est la proie qu'il faut capturer. Cette relation entre le félin et l'homme constitue un partenariat insolite dans l'univers de l'arène. Au même titre que des molosses qui peuvent accompagner une troupe de chasseurs en forêt, le lion joue le rôle d'animal de compagnie qui épaule son maître.

Magister et son lion, mosaïque, fin du IIe siècle ap. J.-C, villa gallo-romaine de **Nennig** (Allemagne).
(photo Carole Raddato, Römermuseum, Nennig.)

Ce dernier est d'ailleurs vêtu différemment du *paegniarius* et son accoutrement ne manque pas de rappeler l'arbitre qui organise le combat des gladiateurs. Comme lui, il porte une simple tunique, preuve de la confiance qu'il met en l'animal qui se trouve à ses côtés et, comme lui, il se sert d'une baguette, la *rudis* pour intimer des ordres à son félin.

Plusieurs sources témoignent des rapports affectueux établis entre l'homme et le lion. **Pline l'Ancien**[147] relate les exploits d'**Hannon** qui passe pour avoir été le premier à caresser cette créature majestueuse. L'auteur évoque également l'aventure de **Mentor de Syracuse** qui soigna un fauve reconnaissant[148]. **Aulu-Gelle**[149], quant à lui, rapporte l'exil d'**Androclès** ayant vécu auprès d'un lion qui, en retour, lorsque l'esclave fut jeté en pâture aux fauves dans l'arène, le reconnut et lui montra de la tendresse.

C'est grâce à la pratique de la *palpatio*, qui consiste à poser sa main sur le flanc de l'animal, qu'un rapport de confiance peut progressivement s'établir. Ces gestes bienveillants sont d'ailleurs très recherchés par les animaux qui éprouvent beaucoup de plaisir à les recevoir. En latin, le terme *mansueta* signifie « qui est habitué à la main ».

Ainsi, lorsqu'un fauve ramène une partie de sa capture au *magister*, il reçoit en échange une caresse en signe de récompense. C'est ce dont témoigne une scène de la mosaïque de Nennig sur laquelle un maître expérimenté félicite son lion de lui avoir rapporté la tête d'un onagre.

L'introuvable *Laquearius*

Parmi les combattants de l'arène, il est un personnage introuvable, nommé *laquearius*, qui n'est mentionné qu'une seule fois par **Isidore de Séville**[150], au sujet duquel l'auteur précise qu'il combat avec un lasso. Cette catégorie est totalement absente des inscriptions lapidaires. Les sources iconographiques, elles aussi, sont avares de représentations et seuls quelques très rares documents permettent de proposer des hypothèses quant à sa possible existence.

Paegniarius organisant le combat de bestiaires condamnés aux bêtes, bas-relief, IIe-IIIe siècle ap. J.-C., **Malkara** (Turquie). (photo Carole Raddato, Arkeoloji Müzesi, Istanbul.)

Pseudo-paegniarius au *galerus* armé d'un *pedum* et d'un fouet. Ses attributs empruntent à ceux du rétiaire et du *paegniarius*. Il pourrait s'agir d'un *laquearius* s'il remplaçait son étrivière par un lasso. (photo *Pax Augusta*.)

Ses attributs, constitués d'un lasso ou d'une corde à nœud coulant – si l'on considère l'étymologie de son nom qui dérive du mot *laqueus* – sont complétés par un *pedum*, l'arme emblématique du *paegniarius* auquel on le compare souvent et par un *galerus*, la protection caractéristique du rétiaire. Pour cette raison, G. Lafaye[151] a voulu voir dans cette *armatura* un proche parent du gladiateur au trident puisque : *"comme lui, il a la tête et les jambes nues* [et que] *comme lui, il porte le galerus à l'épaule gauche"*. E. Teyssier[152], de son côté, suppose que le *laquearius* pourrait être l'adversaire du *paegniarius* muni de deux bâtons. Il propose pour cela de doter cet introuvable gladiateur d'un *« fouet plutôt que d'un lasso »* sans expliciter la démarche qui pourrait permettre ce changement insolite d'attribut. J. Dubois, auteur d'un ouvrage sur les jeux de l'amphithéâtre[153], a proposé sa vision de ce personnage singulier, en partant des maigres indices en notre possession, et fait de ce combattant un mélange entre le rétiaire et le *paegniarius*.

Possible dresseur d'animaux, stèle funéraire, Ier siècle ap. J.-C, **Kybira** (Turquie). (photo Carole Raddato, Burdur Arkeoloji Müzesi.)

Rétiaire au combat, peinture murale, Ier siècle ap. J.-C., terrain de Lestrade (France). (photo et DAO Damien Bouet, d'après A. Barbet, Vesunna, Périgueux.)

[154] *Vie des douze Césars*, Claude, XXI, 12-14.
[155] *Lettres à Lucilius*, XXXVII.
[156] *CIL*, X, 7297.
[157] *Confessions*, VI, VIII, 13.

Selon nous, il est peu probable que ce *laquearius* soit le *paegniarius lorarius* muni d'un fouet qui prend part aux *venationes* du matin et qui encadre le combat des chasseurs. Sa protection d'épaule, qui laisse son bras gauche totalement libre, nous semble bien mal adaptée aux exhibitions contre des animaux sauvages. Par contre, sa vélocité, encouragée par l'absence d'un équipement lourd, le rapproche indéniablement du rétiaire avec lequel nous pensons qu'il partage beaucoup de similitudes.

Sur ce point, un poinçon utilisé pour la décoration des céramiques sigillées apporte quelques éclairages. Nous découvrons un personnage peu vêtu, dont le bras gauche est protégé par une protection incomplète. Il tient un attribut mal défini dans sa main droite. Celui-ci s'apparente à un long bâton recourbé qui ne manque pas d'évoquer le *pedum*. En observant de plus près l'accoutrement de ce combattant et le positionnement de ces éléments offensifs et défensifs, nous semblons assez proches d'une catégorie qui pourrait évoquer le *laquearius*. Le vêtement, fait de lanières entrecroisées sur le torse, n'est pas celui d'un *retiarius*, ni même d'un *paegniarius*. L'équipement, d'une manière générale, s'éloigne notablement des canons habituels qui caractérisent ces deux combattants. Par ailleurs, il n'a absolument rien à voir avec les armes d'un *venator* ou d'un quelconque chasseur.

Cet individu appartient donc bien davantage à l'univers de la gladiature qu'à celui de la *venatio* ou du *ludus*.

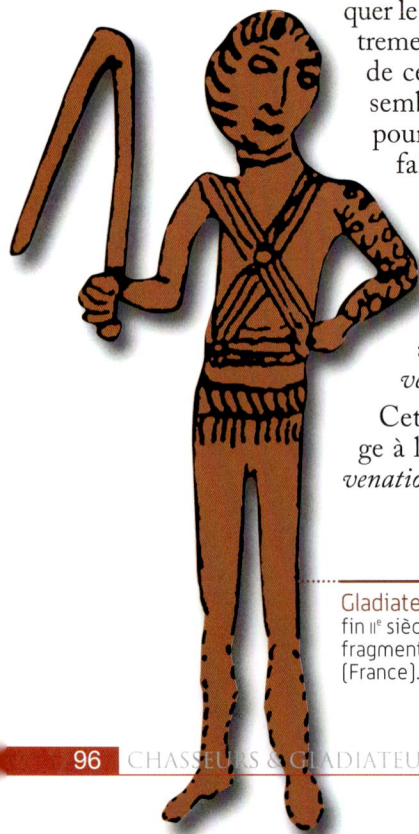

Gladiateur *laquearius* (?), fin IIe siècle-début IIIe siècle ap. J.-C., fragment de céramique sigillée de l'atelier de Lavoye (France). (DAO Damien Bouet, d'après K.Kazek.)

Ave Caesar !
Morituri te salutant

"Avé César, ceux qui vont mourir te saluent !" Cette phrase célèbre fait, à n'en pas douter, partie du « patrimoine » de la gladiature. Il s'agit d'une formule rapportée par **Suétone**[154] dans son œuvre emblématique intitulée la *Vie des douze Césars*, dans laquelle il égrène, au long des huit livres qui la constituent, les biographies des premiers princes de Rome.

Durant le règne de **Claude**, une naumachie (un combat naval) donnée sur le lac Fucin, serait à l'origine de cette formule qui, depuis, a fait florès. À cette occasion, l'empereur avait prévu que les combattants le saluent de la sorte pour qu'il puisse répondre à son tour : *aut non*, c'est-à-dire « ou pas ». Une manière d'insister sur son pouvoir de décision sans limite et sur son droit de vie ou de mort sur ces hommes qu'il peut donc choisir ou non de gracier.

Mais revenons un instant sur ces quelques mots qui ont fait couler beaucoup d'encre et qui ont donné à la gladiature classique une image sanguinaire aujourd'hui largement remise en question par la grande majorité des historiens. D'une part, comme nous l'avons dit, cette phrase a été lancée dans un contexte qui n'est pas le sable de l'arène mais l'eau d'un lac et, d'autre part, il semble bien qu'elle n'ait jamais plus été prononcée par la suite.

Si la gladiature ultra meurtrière est bien un mythe pour une raison simple qui concerne la *lanista*, le propriétaire d'une troupe de gladiateurs, qui aurait fort à faire à la suite de l'hécatombe de l'ensemble de ses combattants, elle n'est pas dénuée de blessures graves, de lésions irrémédiables, de tragédies et de décès comme l'illustre la lutte de l'hoplomaque, de l'*eques*, du *provocator* ou du rétiaire. Une peinture murale découverte à Périgueux donne une idée assez précise de la violence de l'engagement entre un gladiateur au trident et son adversaire. Ce dernier, d'un geste précis, s'apprête à enfoncer la lame de son *gladius* dans les côtes d'un rétiaire en position de repli.

L'analyse de quelques phases de combat et du cadre dans lequel s'affrontent les gladiateurs permettra de mieux comprendre l'issue de la lutte et la symbolique de ce spectacle qui reste profondément lié au sang et à son effusion.

Sénèque[155] évoque à ce sujet le courage que donne la philosophie en établissant un parallèle entre le rôle du gladiateur et la mission du philosophe : *« Aussi glorieux que celui du gladiateur est infâme, votre engagement est conçu dans les mêmes termes : périr sous le fouet, par le fer ou par le feu. Mais le malheureux qui se loue aux combats du Cirque, qui boit et mange pour avoir du sang à répandre, il est forcé d'endurer la douleur même contre son gré »*.

Notons que la dernière allusion de l'auteur ne manque pas de rappeler le banquet des gladiateurs dont la mosaïque des *Bestiaires festoyant dans l'arène* de **Thysdrus** fournit un bon aperçu. Cette *cena libera*, offerte la veille du combat par l'*editor* du spectacle, est un repas au cours duquel les combattants se côtoient sans animosité tout en sachant qu'ils prennent part, peut-être, à leur ultime collation. L'usage même du terme *libera* pour désigner ces agapes est intéressant puisqu'il signifie « affranchi » ou « libre ». S'agit-il d'un repas libre parce que les gladiateurs profitent de l'instant présent, sans contraintes ? Partagent-ils ainsi entre égaux, au sein de la *familia gladiatoria* un moment de plaisir comme *coarmius*[156], comme des camarades avant le *munus* du lendemain ?

Ou bien faut-il considérer plutôt cette mise en scène comme un moment symbolique, une parabole de la vie et de la mort avant la libération du combattant par sa victoire ou par son trépas. Qu'il s'agisse du *symposium* grec ou du banquet romain, cette réunion de convives autour de mets choisis et de boissons n'a rien d'anodin. Ici, les regards, les gestes et la communication d'une manière générale sont des éléments importants. Tout indique que, dès ce repas, la lutte commence entre les *convictores*, les participants au banquet. Les notions de dépendance et de soumission au sein de la troupe de gladiateurs prennent ici tout leur sens.

Désormais, c'est la recherche du sang humain qui doit stimuler les gladiateurs et nourrir leur hardiesse après que le vin (le sang du raisin) et le jus de viande (le sang animal) aient nourri leur estomac. Le sang, en effet, caractérise la « force vitale » mais, quand il est répandu, il apparaît comme le résultat d'un combat héroïque, d'un but ultime. Nous supposons ainsi qu'au lieu de la mort, on préfère voir le sang couler sur le sable de l'arène.

En effet, le sang peut se répandre sans que le décès n'intervienne obligatoirement. Finalement, plus que la mort, c'est la vue du sang qui stimule les combattants et qui excite le public comme en témoigne ces quelques phrases de **saint Augustin**[157] au sujet de son ami **Alypius** : *"à peine avait-il vu le sang qu'il but d'un trait la férocité ; au lieu de détourner son regard, il le fixa, s'enivrant de sanglantes voluptés ; il regarda, il cria, il s'enflamma".*

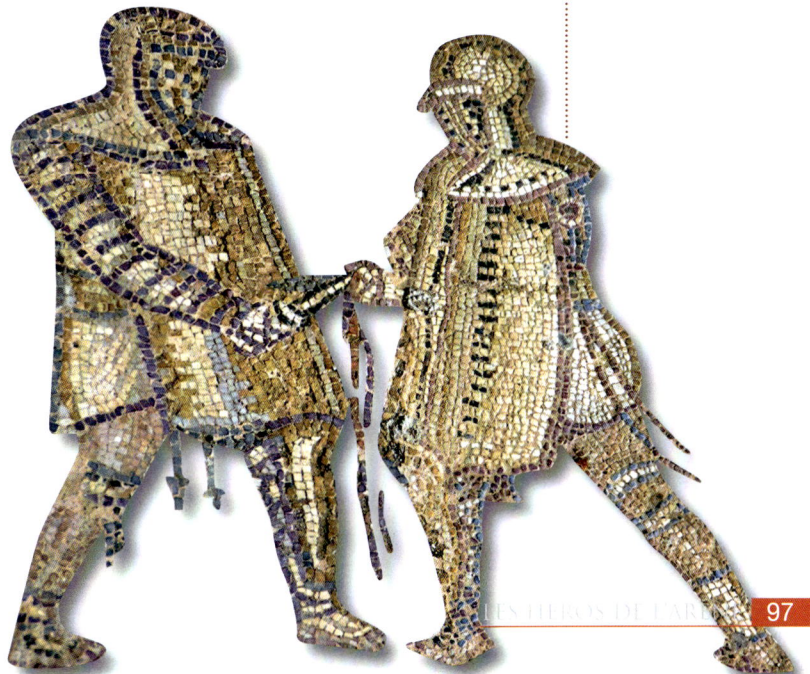

Retiaire contre *secutor*, mosaïque, fin du IIe siècle ap. J.-C, **Nennig** [Allemagne]. (photo Carole Raddato, Römermuseum, Nennig.)

Combat entre *provocatores*, céramique, Italie, IIe siècle ap. J.-C. (photo Damien Bouet, Musée du Louvre, Paris).

De l'engagement à la mort ?

L'engagement

Après avoir pénétré dans l'arène par la *porta triumphalis*, les gladiateurs sont opposés par paire. Une fois apparié, ils peuvent débuter le combat sous l'égide des arbitres et au son des instruments de musique. La mosaïque de Nennig offre un témoignage remarquable de la présence des musiciens au sein des amphithéâtres. On y découvre un joueur de cor *(cornu)* paré d'une somptueuse tunique, ainsi qu'un personnage juché derrière un orgue hydraulique (*hydraulus*). Ces instruments originaux sont parfois complétés par la trompe droite (*tuba*) ou l'*aulos* (*tibia*). Ils possédaient sans doute un rôle essentiel dans le bon déroulement du combat.

Musiciens jouant du **cor** et de l'**orgue hydraulique**, mosaïque, fin du IIe siècle ap. J.-C, **Nennig** [Allemagne]. (photo Carole Raddato, Römermuseum, Nennig.

Peu importe la catégorie à laquelle ils appartiennent, et à l'exception d'un combat de *pontarii* ou de la mise au prise de plusieurs escadrons (*turma*) – ce qui semble beaucoup plus rare à l'époque classique – les gladiateurs débutent toujours le combat face à face. C'est ce que dévoile la grande majorité des supports iconographiques qui privilégient cet instant à l'image d'une lampe en terre-cuite trouvée à Lyon sur laquelle un mirmillon au long *scutum* s'oppose à un thrace reconnaissable à sa *sica*. Ici, les adversaires se toisent et portent la totalité de leur équipement preuve qu'il n'y a pas encore eu d'engagement violent et significatif.

La poursuite du face à face

Progressivement, les premiers coups dangereux sont portés par le combattant qui pense avoir trouvé une faille. Quelques secondes d'observation lui ont permis de bien jauger son adversaire pour mieux préparer son attaque. Ici, l'expérience est un atout majeur, notamment pour celui qui subit l'offensive, comme l'illustre la scène principale de la mosaïque de Nennig.

Là, un rétiaire venant tout juste de projeter son filet, qui n'a malheureusement pas atteint sa cible, continue son attaque en frappant avec son trident en direction de la jambe gauche de son opposant. Ce dernier, qui a sans doute parfaitement anticipé cet enchaînement, a bloqué le coup avec son *scutum* dans lequel les pointes de l'arme sont venues se ficher. Il va sans dire que, si l'arme avait touché la chair, le sang aurait coulé abondamment.

Rétiaire contre *secutor*,
mosaïque, **Augst** (Suisse),
début du IIIe siècle ap. J.-C.
(photo Kévin Kazek,
Römerstadt Augusta Raurica, Augst.)

Rétiaire contre
secutor, bas-relief,
Italie, Ier-IIIe siècle ap. J.-C.
(photo The Metropolitan
Museum, New York.)

La phase de repli

Après cette seconde tentative, il ne reste plus au rétiaire qu'à se replier ou qu'à poursuivre la lutte au *pugio* s'il n'arrive pas à récupérer son arme longue. L'opposition *secutor*/rétiaire permet en effet ce genre de spectacle tout à fait insolite au cours duquel le poursuivant ou *contraretiarius* tente d'en finir avec son adversaire. Ce dernier essaie de s'échapper en projetant, comme il le peut, son trident vers l'arrière à l'image de **Rosstus** fuyant **Adventus** sur la mosaïque de Cologne ou en essayant de se battre armé d'un simple couteau à l'image de **Senilianus** qui, à même le sol, exsangue, ne semble plus en capacité de soutenir le moindre corps-à-corps.

Le corps-à-corps

Il s'agit d'un contact extrêmement violent au cours duquel les blessures sont quasi inévitables. Il précède l'issue tragique du combat pour l'un des deux participants. Une scène issue de la mosaïque d'Augst donne un bon aperçu de cette contiguïté. Un rétiaire, venant d'accélérer sa marche pour mieux surprendre son adversaire, assène de la main droite un coup de couteau dans le cou d'un *secutor*, tandis que ce dernier semble frôler, avec son *gladius*, la cuisse de l'assaillant.

Le geste du rétiaire, s'il est bien exécuté, peut gravement entailler la chair du combattant et entraîner de sévères complications.

À l'inverse, une frappe mal ajustée peut signer l'arrêt de mort du rétiaire qui ne possède plus aucune arme pour se défendre face à un homme entièrement bardé de fer dont l'excitation est à son paroxysme. Un appariement figuré sur le pavement de Bad-Kreuznach montre l'offensive d'un thrace qui vient de subir le revers d'un mirmillon. En propulsant son *scutum* vers l'avant, ce dernier a désarmé son adversaire qui semble encore sonné par le choc des boucliers. La position du glaive du mirmillon indique clairement qu'il s'apprête maintenant à embrocher son opposant par une vive estocade qui, sans nul doute, entraînera, au mieux, une sévère lésion et, au pire, la mort inéluctable du protagoniste.

Thrace contre
Mirmillon, mosaïque,
Bad-Kreuznach
(Allemagne),
IIIe siècle ap. J.-C.
(photo Carole Raddato,
Römerhalle
Bad-Kreuznach).

Rétiaire *Senilianus*,
mosaïque, **Metz** (France),
IIIe siècle ap. J.-C.
(photo Musée de la Cour d'Or,
Metz Métropole.)

Rétiaire contre *Secutor*, bas-relief,
IIᵉ siècle-IIIᵉ siècle ap. J.-C., **Kibyra** (Turquie).
(photo Carole Raddato, Burdur Arkeoloji Müzesi.)

L'issue du combat

De ce fait l'issue du combat ne peut pas toujours respecter les modalités prescrites par l'*editor*. Nul gladiateur n'est à l'abri d'un mauvais coup qui provoquerait d'emblée sa mort comme l'illustre plusieurs scènes de la mosaïque de Zliten sur laquelle l'âpreté des combats est prégnante. Sur ce pavement, outre la grande diversité d'*armaturae*, ce qui attire surtout le regard du spectateur, ce sont la violence des appariements et la présence fréquente du sang.

Sur ce point, la lutte entre un thrace et un mirmillon est particulièrement explicite. Malgré l'offensive lancée par le combattant de gauche, son adversaire a pu parer le coup en bloquant son glaive avec son bouclier. En réaction, il est venu ficher sa *sica* dans la cuisse droite de son opposant, créant une profonde blessure depuis laquelle s'écoulent de larges flots de sang. Par son geste, il a peut-être sectionné l'artère fémorale, une action qui entraînera irrémédiablement la mort du mirmillon. De même, un relief issu de l'antique Kibyra, en Turquie, près de la ville actuelle de Gölhisar, montre un rétiaire en train d'enfoncer son poignard dans les côtes d'un *secutor*. Une mé-

Thrace demandant
grâce, terre cuite,
milieu du Iᵉʳ siècle ap.
J.-C. (photo Damien Bouet,
Musée du Louvre, Paris.)

Mirmillon contre Thrace,
Zliten (Lybie), IIIᵉ siècle
ap. J.-C. (photo René
Voorburg, As-Saraya al-
Hamra Museum, Tripoli.)

thode expéditive qui n'a rien à voir avec les mises à mort conventionnelles. Ce genre d'issue reste malgré tout relativement rare. Généralement, lorsqu'un gladiateur est mis à mal ou se trouve en état d'infériorité, il doit s'avouer vaincu et peut demander le droit d'être gracié. C'est la *missio* qui, parfois, se voit être refusée au combattant[158]. Dès lors, il est renvoyé aux « vestiaires » vivant. Soit, parce que l'*editor* a estimé qu'il a rempli son contrat et a lutté honorablement, soit parce qu'il s'agit d'un combattant ayant déjà remporté plusieurs victoires, une vedette que l'on préfère épargner au regard de son palmarès. C'est ce qu'illustre peut-être l'attitude du *secutor* figuré sur la mosaïque de la villa de Negrar en Italie. Ce combattant, face à un rétiaire armé d'un trident, conserve son glaive en main mais enlève, à l'aide de sa main gauche, le *pugio* de son adversaire planté dans son omoplate.

À moins que lui et le rétiaire, qui semble aussi être blessé, aient été graciés tous les deux. C'est-à-dire qu'ils ont été renvoyés debout, *stantes missi*

[158] Dans ce cas, le gladiateur vaincu qui s'est mal défendu est mis à mort par le vainqueur. Généralement, il est égorgé comme l'a souhaité le public qui scande, depuis de longues minutes, *jugula* (égorge-le) : « Un gladiateur, même moyen, ne pleure pas, écrivait Cicéron (*Tusculanes*), ne change pas de visage ; il reste ferme, il tend la gorge sans faiblesse ». Il arrive aussi qu'un poignard soit enfoncé dans la clavicule du perdant comme en témoigne un relief figuré sur le théâtre de Bénévent en Italie. Quelques représentations montrent également le geste d'un glaive planté dans le dos du vaincu comme sur un bas-relief de Durrës en Albanie (Teyssier 2009, p.373). Mais, pour ces occurrences, nous restons perplexes et pensons plutôt que le gladiateur placé dans le dos de celui qui cherche à s'échapper pour demander sa *missio*, s'est senti vainqueur de droit et a simplement exécuté son adversaire sans attendre les consignes. C'est ce qui apparaît sur de nombreuses céramiques sigillées sur lesquelles des combattants fuient de la sorte le coup fatal en levant la main. Quoi qu'il en soit, le mode opératoire de la mise à mort semble plus complexe qu'il n'y paraît entre le Iᵉʳ et le IVᵉ siècle ap. J.-C

sous les hourras de la foule avec leurs armes encore en main. On évoquera alors des combattants *stantes in gradu* car, jusqu'au bout, ils ont privilégié la lutte plutôt que l'abandon et ont fait preuve d'une immense opiniâtreté.

Martial[159] renseigne sur le spectacle fameux donné par **Priscus** et **Verus** devant l'empereur **Titus** qui, au terme d'un affrontement héroïque, choisit d'attribuer la victoire aux deux gladiateurs : *"À l'un et l'autre, César fit alors remettre le glaive de bois et la palme de la victoire : tel fut le prix de leur valeur et de leur adresse."*

Il semble que cet acharnement au combat soit le but recherché par beaucoup de gladiateurs et, surtout, par le public. Ici, le sang a coulé et a été versé pour la bonne cause, en échange de quoi l'offrande des gladiateurs faite aux spectateurs est récompensée par une grâce et une double victoire.

Plus que la mort brutale et expéditive souvent donnée sans éclat, c'est l'échange de coups savamment orchestré et la vue du sang qui semblent inspirer les *afficionados* et les organisateurs du spectacle comme d'ailleurs le *lanista*.

Le fait de privilégier les blessures et les chocs violents au simple trépas peut s'expliquer aussi par la volonté de montrer que les guerriers de Rome, qu'ils soient gladiateurs, chasseurs ou légionnaires, sont d'habiles combattants et que peu d'entre eux succombent dans le cadre de leur engagement.

Missio et sine missio

Mais revenons un moment sur la *missio* puisqu'il s'agit d'un épisode d'une grande intensité dans le cadre de l'affrontement entre deux gladiateurs. C'est surtout la phase suprême du combat qui retient en haleine tous les observateurs, notamment le peuple assis dans les gradins qui peut, en agitant une serviette blanche, la *mappa*, influencer la décision finale du *munerarius*[160]. Comme l'illustre un certain nombre de sources iconographiques, le demandeur est placé devant le gladiateur en position de force qui, lui, est naturellement représenté debout en retrait.

Il existe bien entendu des variantes à cet épilogue mais, d'une manière générale, c'est sous cette forme que se demande la grâce. Quelques lampes en terre cuite illustrent parfaitement ce dénouement, notamment un médaillon italien sur lequel un thrace désarmé, genou à terre et tête baissée, tend sa main gauche en signe de soumission alors que, derrière lui, son adversaire projette son bouclier vers l'avant. Le thrace a choisi de déposer ses armes sur le sable (*arma

Secutor contre *rétiaire*, mosaïque, IIe siècle ap. J.-C., villa de Negrar (Italie). (photo Carole Raddato, Museo Archeologico del Teatro Romano, Verona.)

submittere) et adopte une position intermédiaire puisqu'il n'est pas couché à terre comme le veut la tradition (*decumbere*). Peut-être est-il en train de le faire ! Il a bien signifié sa demande aux arbitres par un geste précis de la main (*manum tollere*) en espérant obtenir la vie sauve.

Un dessin tiré d'une céramique sigillée propose une variante intéressante à cette attitude. Un hoplomaque victorieux, brandissant son *clipeus*, est placé juste derrière un thrace qui tient toujours sa *sica* en main. L'originalité de cette scène réside en la présence d'un petit support sur lequel le perdant place le pied de sa jambe gauche sur laquelle s'appuie ensuite son bras, main grande ouverte.

Murmillo portant sont glaive contre le flanc d'un *hoplomaque*, bas-relief, Ier siècle ap. J.-C., *Porta Stabia*, *Pompéi* (Italie). (photo Olaf Kueppers, Museo Archeologico, Naples.)

[159] *Des Spectacles*, XXIX.
[160] Ici, il n'est absolument pas question de pouce baissé ou levé pour signifier que l'on souhaite la vie ou la mort d'un gladiateur. Juvénal (*Satire*, III, 36) l'indique clairement lorsqu'il prend à partie les nouveaux riches : « *quondam hi cornicines et municipalis harenae perpetui comites notaeque per oppida buccae munera nunc edunt et, uerso pollice uulgus cum iubet, occidunt popularitur ; inde reuersi conducunt foricas* ». Le terme exact est donc *uerso pollice*, c'est-à-dire l'index qui sert à montrer.

combattants à bout de souffle qui se jettent à terre, l'index pointé vers l'éditeur dans un dernier sursaut. Quelques fois, les artistes ont souhaité fixer les secondes qui précèdent la demande de grâce comme à Augst où un rétiaire, les genoux posés sur le sable, s'apprête à lever la main droite pour demander grâce. Le choc qu'il vient de subir l'a sans doute complètement rendu groggy puisqu'il garde son *pugio* dans la main gauche sous la menace d'un *secutor* qui s'apprête à abattre son glaive sur sa tête.

Cette dernière image prouve que, dans un contexte où les arbitres sont susceptibles d'intervenir pour calmer les ardeurs d'un gladiateur trop entreprenant, comme l'illustre l'attitude du *summa rudis* de la mosaïque de la villa de Negrar qui semble s'inquiéter de l'état d'un rétiaire à bout de souffle, le décès du perdant est le plus souvent évité. Dans le cadre d'un *munus* normal, c'est donc l'*editor* qui possède le dernier mot et choisit – ou non – de mettre à mort le vaincu.

Mirmillon s'apprêtant à embrocher un **Thrace**, IIe siècle ap. J.-C., Italie. (photo Damien Bouet, Musée du Louvre, Paris.)

Ici, il nous semble que le vainqueur rend une sorte d'hommage à son compatriote, comme s'il reconnaissait en lui un vaillant adversaire. Une autre scène, issue du même atelier, propose une variante en montrant un thrace fixant le vainqueur dans une posture similaire, mais sans cette espèce de rehausseur sous le pied. Il porte en revanche les attributs de la victoire dans sa main droite. Il s'agit sans doute d'une palme mal représentée et d'une couronne de laurier qu'il s'apprête à décerner au champion du jour.

Comme nous l'avons évoqué, il arrive parfois que le gladiateur mis en infériorité n'ait pas le temps de demander sa grâce et succombe à la charge de son opposant. Plusieurs scènes montrent des

[161] *Histoire romaine*, XLI.
[162] *Histoire romaine*, III, XXI.

Dès les origines de la gladiature pourtant, il semble qu'un combat puisse être *sine missio*, c'est-à-dire sans répit et donc sans possibilité de grâce. C'est **Tite-Live**[161] qui évoque ces affrontements « à outrance » qui trouvèrent un large écho auprès du public. Dans ce cas de figure, l'un des deux combattants doit mourir obligatoirement à l'issue de la lutte. Une autre allusion à ces termes apparaît chez **Florus**[162] lorsqu'il évoque la guerre de Spartacus contre Rome. Les hommes du gladiateur révolté se battirent sans demander de quartier : *"et, quod sub gladiatore duce oportuit, sine missione pugnatum est"*.

La mosaïque de la villa Borghèse caractérise sans doute un *munus sine missio* pour la fin de la période qui nous intéresse. Régulièrement présentée comme la dernière image d'une gladiature dégénérée, elle dévoile, sur plus de 50 m², des affrontements extrêmement sanglants et meurtriers entre des *rétiaires* et des *secutores* de forte corpulence.

La présence du *theta nigrum*, un symbole de mort dans l'épigraphie gréco-latine, abréviation du mot *thanatos*, placé à proximité de la tête des défunts, renforce d'ailleurs le caractère macabre de cette réalisation.

Ce qui frappe le plus, c'est l'absence d'arbitre et la sensation d'une parfaite anarchie au sein des appariements. Faut-il pour autant considérer les protagonistes de ce pavement comme des bourreaux plutôt que comme de véritables gladiateurs entraînés ?

Arbitre observant un rétiaire, mosaïque, IIe siècle ap. J.-C., villa de Negrar (Italie). (photo Carole Raddato, Museo Archeologico del Teatro Romano, Verona.)

Il nous semble que les armes de ces combattants sont en adéquation avec leur compétence et, surtout, leurs noms apparaissent distinctement sur le pavement comme s'il était important, pour la postérité, de se souvenir d'eux. Les mosaïques inscrites sont assez rares pour que cet aspect ne soit pas considéré comme secondaire.

La mort omniprésente ici est sans doute le reflet de la volonté de l'*editor*. Ce *munerarius* a sans doute souhaité réunir les stars du moment pour quelles s'affrontent dans un combat sans merci.

S'il paraît avéré qu'à partir du Ier siècle de notre ère et qu'au cours des IIe et IIIe siècles ap. J.-C., la gladiature ait pris une tournure plus sportive et technique dans le cadre de *munera* édités par des personnages puissants qui privilégiaient le beau geste et l'engagement maîtrisé, il ne faut pas s'imaginer que des combats *sine missio* n'aient pas pu avoir lieu à la même époque.

Certes, ce type d'exhibition extrême – interdit d'ailleurs par **Auguste** puis par **Marc-Aurèle** en sa présence – n'était pas fréquent mais il avait ses amateurs. Et comme nous l'avons précisé, la mort pouvait s'inviter à tout moment lors d'un *munus* conventionnel, malgré la présence des deux arbitres et la bonne volonté de l'*editor*.

À ce titre, il existe toute une symbolique mortifère dans l'amphithéâtre, depuis les allusions aux divinités infernales jusqu'à la présence de la *porta libitinensis*, par laquelle le personnel de l'arène évacue les cadavres des trépassés à l'aide de crochets pour les traîner jusqu'au *spolarium*, lieu sinistre où s'entassaient les dépouilles.

Ajoutons à cela l'existence de tablettes de défixion ou de malédiction servant à jeter des sorts aux gladiateurs adverses pour qu'ils trépassent plus aisément, le rôle des magiciens qui récupèrent les corps sans vie des combattants pour fomenter leurs maléfices et ces quelques illuminés qui se précipitent sur les dépouilles des victimes pour sucer leur sang à des fins thérapeutiques et nous nous trouvons là dans un univers tout à fait singulier ! Un monde d'une grande rudesse qui n'a pas beaucoup à voir avec nos manifestations sportives actuelles aussi violentes soient-elles.

Retiarius demandant grâce face à un *Secutor*, Zliten (Lybie), IIIe siècle ap. J.-C. (photo René Voorburg, As-Saraya al-Hamra Museum, Tripoli.)

Secutor demandant grâce. (photo *Pax Augusta*.)

Hoplomaque victorieux terre cuite, Ier-IIe siècle ap. J.-C., **Xanten** (Allemagne). (photo Damien Bouet, Archäologischer Park, Xanten.)

Arbitre séparant deux adversaires,
mosaïque, IIIᵉ siècle ap. J.-C.,
Maison des Gladiateurs, **Kourion** (Chypre).
(photo *Wikimedia Commons.*)

Arbitre à la *rudis*, fin IIᵉ-début IIIᵉ siècle
ap. J.-C., d'après le dessin d'une vignette
de la mosaïque des promenades de **Reims**
(France). (photo Musée Saint-Remi, Reims.)

Astyanax contre Kalendio
entre deux arbitres, mosaïque,
Rome (Italie), IIIᵉ siècle ap. J.-C.
(photo Damien Bouet,
Museo Arqueológico Nacional, Madrid.)

Du rôle de l'arbitre

Plus que le *lanista*, que nous avons déjà présenté, l'arbitre (*summa rudis*), confondu à tort avec cet individu par certains auteurs contemporains[163], semble bénéficier d'une place particulière lors du combat. Accompagné d'un assistant (*secunda rudis*), il utilise une baguette (*rudis*), plus ou moins longue, avec laquelle il organise la lutte des gladiateurs. Cette tradition viendrait des Grecs[164] et perdure à Rome au moins jusqu'au début du IVᵉ siècle ap. J.-C.[165] Pourtant, ce personnage emblématique, vêtu d'une tunique ornée de deux bandes, sorte de garant de l'équilibre des forces entre les adversaires, n'apparaît pas toujours dans l'iconographie aux côtés des combattants. Son absence, fréquente, résulte-t-elle d'une volonté ? Celle d'insister plutôt sur la dureté des engagements, plutôt que sur le caractère normé des oppositions ? Ou est-ce simplement un choix esthétique qui explique sa non présence ?

Qu'il soit question de sources archéologiques ou littéraires, son existence reste pourtant bien avérée. Dans tous les cas, il n'est pas là pour donner simplement le coup d'envoi de la lutte et tout indique qu'il utilise des gestes précis, voire un langage approprié à chaque situation[166]. De même, il est fort probable que les deux arbitres communiquent entre eux à l'aide de signaux manuels pour signaler une touche ou une fin de combat. La baguette servant plutôt à arrêter la progression des combattants lors de l'affrontement et à les éloigner l'un de l'autre comme en témoigne une mosaïque de Kourion à Chypre. À l'inverse, l'arbitre est aussi le garant du bon déroulement du combat. Il doit faire respecter les choix de l'éditeur et doit pouvoir faire cesser les tricheries. Son rôle est aussi de déceler les ententes susceptibles d'avoir été consenties avant l'engagement.

Sur ce point **saint Augustin**[167] donne un éclairage intéressant : *"Si le peuple s'aperçoit que les combattants sont de mèche, il les poursuit de sa haine, il hurle qu'on les bâtonne pour collusion"* et prouve, par cette indication, qu'il n'y a aucune place pour la tromperie dans l'arène.

[163] J. Déchelette, notamment, a confondu le *lanista* et l'arbitre (Déchelette, 1904, p.296, fig.112). Mais il semble que d'autres auteurs du début du XXᵉ siècle aient fait l'amalgame entre ces deux personnages. G. Lafaye accorde, quant à lui, plus d'importance à l'*editor*, celui qui offre les jeux et aux *doctores*, les instructeurs qu'il confond sans doute avec les arbitres (*Dagr, s.u. gladiator*, p.1595).

[164] L'arbitre grec est représenté de la sorte sur des amphores panathénaïques datées de 332 av. J.-C. (Gardiner, 1930, fig.191).

[165] Il n'est pas certain qu'après cette date leur rôle soit aussi important qu'aux premiers siècles de l'Empire. En effet, la radicalisation des *munera* contribue peut-être à leur disparition. À moins que, dans le cadre d'un combat *sine missio*, leur présence ne soit pas recommandée.

[166] Un balsamaire en bronze découvert à Reims montre un arbitre tenant la *rudis* près d'une pancarte sur laquelle est noté le mot *perseuerate*. S'agit-il d'un terme usité par le *summa rudis* pour dire aux combattants de poursuivre la lutte, de persévérer dans leur engagement ? (Petit, 1980, p.147, n°78).

Il faut en effet que la lutte aille à son terme. Que le premier sang coule. Pour cette raison, les arbitres semblent être des accompagnateurs, voire des sortes de stimulateurs et d'observateurs impliqués. C'est ce que semble illustrer l'échange entre l'arbitre et le rétiaire sur la mosaïque de la villa de Negrar que nous avons déjà présentée et c'est également ce qui transparaît sur la panse d'une gourde en céramique conservée au musée de Mayence, sur laquelle un arbitre, légèrement en retrait, *rudis* levée, exhorte les gladiateurs à poursuivre le combat.

Notons enfin que la présence des deux arbitres dans l'iconographie du *munus* s'inscrit dans une symbolique particulière qui ne manque pas de rappeler les divinités chtoniennes étrusques que sont les Vanths. Celles-ci apparaissent sur les urnes funéraires, les sarcophages ou sur les murs peints des tombes et emmènent le défunt vers son dernier séjour. Ce sont elles qui figurent près d'**Étéocle** et de **Polynice** dans le cadre de leur combat à mort.

Par la suite, elles caractérisent l'esprit de justice et, bien qu'elle soit le présage d'une mort imminente, elles ne la causent pas, à l'image du *summa* et du *secunda rudis* mais l'accompagne.

Dans l'arène, parmi les gladiateurs et tout un *decorum* lugubre, les arbitres bénéficient d'une place essentielle. Ils sont ceux qui officient pour faire jaillir le premier sang – siège de l'âme pour les Romains – et ne sont pas là pour provoquer la mort. Ce sang, offert par les combattants, nourrit la terre, rassasie le peuple et revigore les ancêtres.

C'est en cela que la performance du gladiateur, au sein du *munus*, reste perçue comme une offrande. Ainsi, du gladiateur impur au héros merveilleux – à qui tous rêvent de ressembler – il n'y a qu'un pas. ∎

Arbitre séparant deux *Equites*, Zliten (Libye), IIIᵉ siècle ap. J.-C. (photo René Voorburg, As-Saraya al-Hamra Museum, Tripoli.)

Arbitre à la *rudis* levée, terre cuite, IIIᵉ siècle ap. J.-C. (photo Damien Bouet, Römisch-Germanisches Zentralmuseum, Mayence.)

[167] *Confessions.*

Combat entre un Rétiaire et un *Secutor*, arbitré par un *summa rudis* et son *secunda rudis*. (photo *Armor Mortis*.)

Personnage à la tunique, bas-relief, **Metz** (France), IIe-IIIe siècle ap. J.-C. (photo Musée de la Cour d'Or, Metz Métropole.)

LA GLADIATURE PHÉNOMÈNE DE SOCIÉTÉ

[168] Au XXe siècle, le cinéma américain a beaucoup contribué à exalter cette vision fantasmée du gladiateur avec des films comme *Demetrius and the Gladiators* de Delmer Daves (1954), *Spartacus* de Stanley Kubrick (1960) ou, plus récemment, *Gladiator* de Ridley Scott (2000).

Le gladiateur : héros ou paria ?

C'est bien connu, les mauvais garçons, les têtes brûlées, ceux qui bravent la mort et côtoient le danger au quotidien ont, de tous temps, attisé toutes les convoitises. À travers ces personnages hors norme, qui symbolisent une forme de rejet des conventions, c'est l'ensemble des interdits d'une société que l'on souhaite voir abolir.

À Rome, au plus fort des exhibitions de l'amphithéâtre, le gladiateur fascine en même temps qu'il répugne. Pour cette raison, on a pu observer des membres de la noblesse et de l'ordre sénatorial, en quête de gloire, s'essayer à une carrière. D'un côté, certains voient en lui un héros merveilleux, une sorte de combattant magnifique, digne descendant des guerriers des récits homériques. À ce titre, il est parfois représenté sous les traits d'un combattant quasi mythique à partir du XIXe siècle[168].

De l'autre, sans doute un peu plus encore au temps des accusateurs chrétiens, il est perçu comme un vulgaire paria. Mis au ban de la société – on l'enterre à l'écart –, c'est une sorte d'oiseau de mauvais augure, un *infamis*, c'est-à-dire un homme de mauvaise réputation, un être impur à l'image du rétiaire à la tunique, dont un relief du musée de Metz, figurant sans doute un pêcheur, donne une assez bonne idée de l'accoutrement.

L'empereur Commode quitte l'arène à la tête des gladiateurs, huile sur toile, **Edwin H. Blashfield.** (photo Hermitage Museum.)

Certains auteurs précisent qu'il ne faut pas se fier à la parole d'un tel individu, car son caractère est versatile ! Sur ce point, pour s'assurer de leur pleine implication lors d'un spectacle, le laniste – malgré la signature d'un contrat entre lui et l'engagé volontaire, l'*auctoratus* – pouvait contraindre ses hommes à combattre par le feu, le fouet ou le fer rouge en cas d'insoumission.

À ce sujet, une inscription, datée de l'année 249 de notre ère, retrouvée à Minturnes, une ancienne ville italienne située dans le Latium, est très éclairante. Elle commémore un spectacle donné par un riche mécène qui fit combattre en quatre jours onze couples de gladiateurs. Sur l'ensemble de ces appariements, la moitié des combattants fut égorgée. Dans un tel contexte, on peut comprendre que certains rechignent à aller au combat.

Malgré ces épisodes d'une extrême violence, la gladiature est restée un phénomène universel qui a touché toute la société, de l'empereur à l'esclave. Elle reflétait simplement certaines dérives humaines et les penchants les plus cruels de l'homme. À l'inverse, elle offrait au public l'image de l'abnégation, de la persévérance, de la hardiesse. En cela, elle était susceptible de caractériser les vertus romaines : la *virtus* qui fait que l'on est un homme accompli et courageux, la *fides* par laquelle s'affirme le sens de l'honneur et, enfin, la *pietas* d'où émane l'idée de sacrifice, de devoir et de «don de soi» à la communauté.

Plus qu'un simple spectacle, la gladiature, pleine d'antagonismes, s'apparentait à une véritable cérémonie religieuse et politique qui permettait de diffuser, auprès du peuple, des messages unificateurs et symboliques. Ainsi, le gladiateur possédait plusieurs qualités qui faisaient de lui un vecteur privilégié de l'information. Une information ciblée, à destination des masses, qui peut apparaître parfois comme quasi propagandiste.

Éros et Thanatos

La mort des combattants dans l'arène excitait les passions du public mais la vue du sang, comme nous l'avons souligné, apportait davantage de consolation encore. Dans ce champ clos, se mêlaient les passions, les agitations et les espérances de toute une communauté dans une communion cathartique exacerbée.

Et l'érotisme avait toute sa place dans ce contexte singulier. La sexualité et le combat sont, en effet, intimement liés dans de nombreuses civilisations antiques pour qui la bravoure guerrière est associée à la virilité et donc à la vigueur sexuelle du combattant. Properce[169] compare sa victoire sur une femme à celle d'un militaire sur un vaillant ennemi, tandis qu'Ovide[170] se propose d'éduquer le soldat pour qu'il arrive à ses fins dans sa quête amoureuse : *"Avant tout préoccupe-toi de trouver l'objet de ton amour, soldat, qui, pour la deuxième fois, affronte des combats où tu es neuf"*.

Ainsi, dans l'arène comme à la guerre, après les honneurs, l'autre récompense suprême est l'amour charnel. Les gladiateurs savent, en effet, qu'en remportant la victoire ils deviendront l'objet de toutes les attentions et profiteront de la tendresse très intime de leurs admiratrices.

Juvénal[171] relate bien à propos la passion de ces femmes pour les héros de l'arène : *"Mariée à un sénateur, Eppia a accompagné une école de gladiateurs jusqu'à Pharos, jusqu'au Nil, jusqu'aux remparts mal famés de Lagus"*. Nous le voyons, certaines d'entre-elles sont prêtes à tout pour suivre leur champion qui, souvent, n'a plus rien d'un **Apollon** : *"Sous l'emprise de quelle beauté, de quelle jeunesse, Eppia s'enflamme-t-elle ? Qu'a-t-elle vu pour accepter qu'on l'appelle «la gladiatrice»? Elle a vu Sergiolus ! Sergiolus, qui avait déjà commencé à jouer les hommes libres et à attendre sa retraite avec son bras tailladé. Ajoutons qu'il a le visage couvert de balafres, le crâne comme moulu par le casque, une bosse immense au milieu du nez, un œil d'où coule en permanence un liquide purulent. Mais il a été gladiateur ! C'est ça qui fait les prix de beauté"*.

Dans l'art, ces victoires amoureuses sont illustrées par une présence féminine aux côtés des gladiateurs. C'est ce qu'illustrent plusieurs céramiques sigillées sur lesquelles une femme nue brandissant une étoffe, une **Vénus** au bain ou une Vénus pudique se retrouvent près du vainqueur ou d'un couple de combattants.

[169] *Élégies*, II, 14, 23.
[170] *L'Art d'aimer*, 35-36.
[171] *Satire* VI, 82.

Vénus pudique, IIe siècle ap. J.-C., fragment de céramique sigillée de l'atelier de Yutz (France). (DAO Damien Bouet, d'après K. Kazek.)

Thanatos, fût de colonne du Temple d'Artemis, 325-300 av. J.-C., **Éphèse** (Turquie). (photo Carole Raddaro, British Museum, Londres.)

Petits amours au combat, IIe siècle ap. J.-C., fragment de céramique sigillée de l'atelier de **Rheinzabern** (Allemagne). (DAO Damien Bouet, d'après K. Kazek.)

Buste d'Attis, IIIe siècle ap. J.-C., médaillon découvert dans la villa de **Chiragan** (Haute-Garonne). (photo Caroline Léna Becker, Musée Saint-Raymond, Toulouse.)

Rétiaire et *secutor* ailés, mosaïque, début du IIIe siècle ap. J.-C., **Bignor** (Angleterre). (photo Hyspaosines, The Roman Villa, Bignor.)

Parfois, les gladiateurs eux-mêmes se transforment en cupidon et deviennent de petits amours fougueux, luttant avec entrain, pour remporter leurs trophées. Dans l'atelier de Rheinzabern, on les découvre équipés de *sicae* et de *parmae* à l'image des *thraeces*. Leurs armes ne sont plus des flèches avec lesquelles ils blessent d'amour, mais des lames, des attributs dont les femmes raffolent selon **Juvénal** : *"C'est le fer qu'elles aiment"*. Dans ce genre de mise en scène, le caractère phallique de l'épée est particulièrement implicite.

L'amour s'appréhende comme un combat, comme la conquête d'un territoire. D'ailleurs, dans l'arène, la persévérance des gladiateurs dans la poursuite de la lutte ne manque pas d'évoquer leur endurance et leur propre puissance sexuelle. Ici aussi, le rôle du sang est fondamental. Verser le premier sang sans périr prouve que le flux vital du gladiateur est puissant. Il peut d'ailleurs être assimilé au sperme qui engendre la vie. Dans l'antiquité, le sang d'**Adonis** et d'**Attis** donnait naissance aux fleurs. Celles-ci symbolisaient l'éternel retour, le renouveau. Mars, quant à lui, était le symbole du sang qui coule, de la blessure ouverte. Mais c'était aussi le dieu de l'amour viril et de la passion aveugle.

Messalina dans les bras du gladiateur, huile sur toile, Joaquin Sorolla, 1886. (photo Wikimedia Commons.)

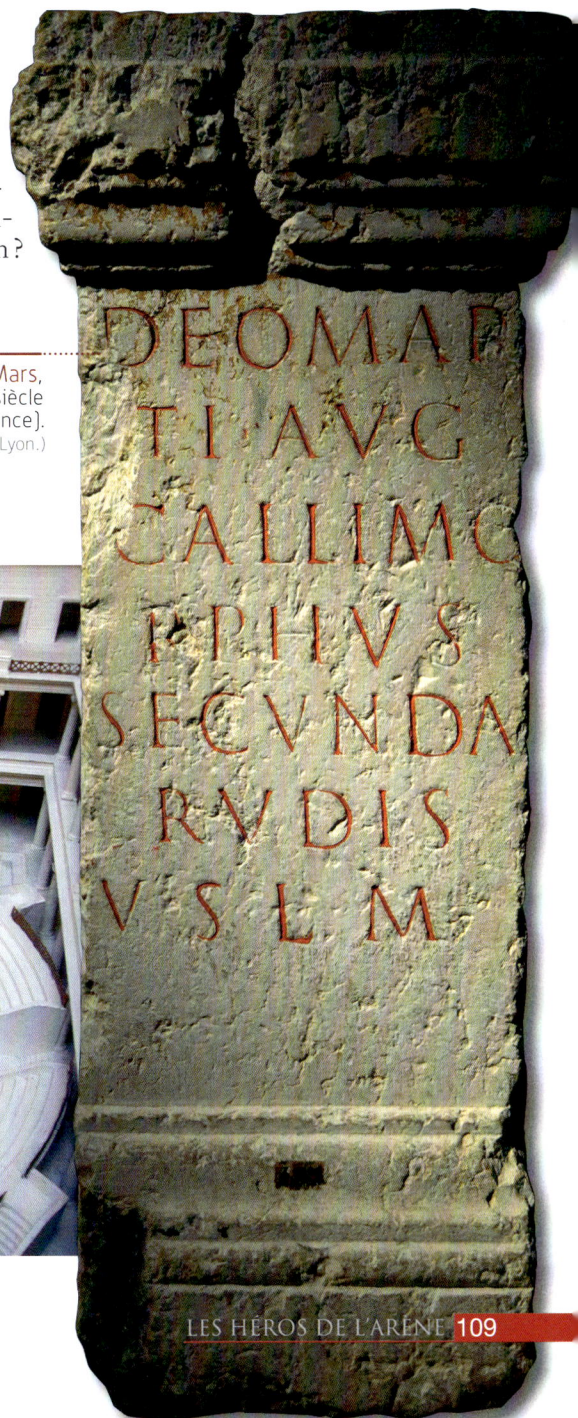

Les champs de la gloire

Le mot *campus* en latin à plusieurs significations. Il évoque la grande étendue de terre plate, l'espace découvert et surtout le terrain d'exercice. À Rome, le *Campus Martius*, situé à l'extérieur du *pomerium*, accueille le sanctuaire du dieu **Mars**, l'un des patrons des gladiateurs. Il sert d'espace d'entraînement athlétique et militaire pour les Romains. C'est ici que s'affirme le caractère d'une jeunesse fougueuse que l'on prépare à la guerre.

Les gladiateurs eux aussi possèdent un lieu pour leur préparation. Mais à l'origine, pour des raisons de sécurité évidente, ils sont réunis au sein d'une caserne spécifique appelée le *ludus gladiatorus*, l'école. C'est là, sous les auspices d'un instructeur, le *doctor*, que les combattants s'adonnent au *palus*. Il s'agit d'un poteau de bois fiché dans le sol contre lequel les gladiateurs avertis ou en devenir s'exercent à parfaire leur frappe et leur technique.

Si les écoles impériales sont les plus connues – il existait à Rome quatre grandes écoles : le *ludus Magnus*, *Matutinus*, *Dacicus* et *Gallicus* – il est fort probable que des écoles municipales aient pu se développer ailleurs. Si l'on excepte la capi-tale, certaines villes ont dû posséder des *ludi*. En Italie, nous connaissons l'école de Pompéi et peut-être celle de Préneste construite entièrement aux frais d'un magistrat municipal.

À Metz, l'antique *Divodurum*, la découverte d'une inscription mise au jour rue de la Tête d'Or au XIXe siècle, à moins d'un kilomètre du grand amphithéâtre, mentionne la présence d'un *campus*. Ce terme, figuré sur un linteau daté des IIe - IIIe siècles ap. J.-C., exhumé dans une zone inerme, pourrait-il signaler la présence d'un terrain d'entraînement pour des gladiateurs à un moment où la gladiature connaît une importante évolution ?

Autel votif au **dieu Mars**, pierre calcaire, Ier-IIe siècle ap. J.-C., **Lyon** (France). (photo Musée gallo-romain de Lyon.)

Le *ludus magnus* au pied du Colisée par **Italo Gismondi**. (photo *Wikimedia Commons*.)

Lot de lampes à huiles, ornées de gladiateurs. (photo Damien Bouet, Archäologischer Park, Xanten.)

théâtre, devait sans doute servir de local de réunion à une corporation responsable des combats de gladiateurs [172].

En Gaule notamment, avec la floraison des édifices de spectacles – près de quarante et un monuments ont été répertoriés – une intense activité mercantile s'est développée autour de ces divertissements. Avec la grande diffusion des produits bon marché comme la céramique sigillée et les lampes en terre cuite, les populations locales ont très tôt été mises en contact avec une iconographie originale qui évoquait toute la diversité du monde de l'arène. Parmi ces ornementations parfois intrigantes, les hommes en armes – et les bêtes étonnantes figurées à leur côté – jouaient le rôle de nos super-héros actuels ou de nos stars du sport.

À ce titre, les graffitis retrouvés en fouille constituent une réinterprétation de cet univers et proposent des images de gladiateurs dont les originaux ont sans doute été observés à l'amphithéâtre ou sur des vases décorés. Ces objets usuels de la vie quotidienne agissent comme un extraordinaire média auprès d'une large frange de la population, notamment les enfants. Cette imagerie, simple et compréhensible par tous, a fortement participé à l'acceptation et à l'essor d'une culture de tradition romaine.

D'une certaine manière, dans l'art et l'artisanat, les jeux et leur iconographie répondent à des attentes collectives. Ils représentent un monde d'évasion et d'illusion. L'amphithéâtre et son champ de sable sont devenus des lieux communs à l'ensemble des sensibilités. Que l'on aime ou que l'on rejette ces divertissements extrêmes, ils ont constitué le quotidien des gens de cette époque.

Ainsi, la mort, symbolisée ou matérialisée dans l'arène, devait s'appréhender avec un certain recul. Elle faisait partie intégrante de l'existence et sa mise en scène s'intégrait parfaitement, comme nous l'avons déjà évoqué, au processus de purification de la société dans un cadre normé et festif.

[172] Fellmann, 1992, p.183-184.

Secutor, figurine en bronze, Arles (France). (photo Damien Bouet, Musée de l'Arles Antique.)

Dans certaines provinces de l'Empire, il semble tout à fait plausible que des bâtiments spécifiques aux spectacles de l'amphithéâtre – et à leur préparation – aient pu exister. On peut aisément imaginer l'agitation qui régnait la veille d'une manifestation aux abords de ces sites. Nous pouvons même supposer que des *afficionados* venaient observer les vedettes locales lors de leur entraînement et que d'autres cherchaient à glaner des informations sur le contenu du spectacle. À Augst, en Suisse, une construction, mise au jour dans un quartier de l'antique *Augusta Raurica*, situé à quelques encablures de l'amphi-

Graffito d'un rétiaire, enduit peint, Ier-IIIer siècle ap. J.-C., Metz (France). (photo Metz, Musée de La Cour d'Or, Metz Métropole.)

La société face à la mort

Lisons **Sénèque**, philosophe du Iᵉʳ siècle ap. J.-C., pour comprendre l'attitude du public romain face à la mort d'un homme. Il évoque, dans ses *Lettres à Lucilius*[173], les exécutions publiques et les plaisirs recherchés par les spectateurs : *"Tout le spectacle que nous attendons d'une créature humaine, c'est son agonie"*. Et d'ajouter : *"Le matin, on expose des hommes aux lions et aux ours ; à midi, à leurs spectateurs. Contre celui qui le tuera, chaque tueur est exposé par ordre de la foule ; on garde le vainqueur pour un nouveau meurtre. Quelle issue ? La mort des combattants"*.[174]

Certes, pour le stoïcien, c'est la vertu et la raison qui doivent triompher bien qu'il reconnaisse lui-même qu'en cas de problèmes impossibles à résoudre, la mort reste préférable. Il s'agit d'une liberté, d'un droit qui revient à chaque individu : *"Méditer la mort, c'est méditer la liberté ; celui qui sait mourir, ne sait plus être esclave"*.[175] Ce n'est pas la mort en tant que telle qui dérange Sénèque, mais le fait qu'on l'impose à autrui pour son propre plaisir, par cruauté et par perversion.

Par ailleurs, à l'inverse de nos cimetières actuels qui sont situés à l'intérieur des villes dans des espaces qui ne sont pas forcément vus par l'ensemble des habitants, les nécropoles romaines se trouvaient à l'extérieur de la cité. Ainsi, les tombes s'élevaient-elles le long des routes et des chemins qui menaient à la ville. Pour cette raison, elles étaient vues de tous. La proximité du monde des morts est donc beaucoup plus prégnante que de nos jours, notamment par le biais des fêtes données en l'honneur des défunts : *feralia*, *parentalia*

Allégorie de la mort, mosaïque, Iᵉʳ siècle ap. J.-C., *Triclinium* de Bottega, **Pompéi** (Italie). (photo Marie-Lan Nguyen, Museo Nazionale Archeologico, Naples.)

Stèle funéraire du *thraex* Araxios, IIIᵉ siècle ap. J.-C., **Akhisar** (antique *Thyateira*, Turquie). (photo Damien Bouet, Musée du Louvre, Paris.)

[173] 95,33.
[174] *Lettres à Lucilius*, 7, 3-6.
[175] *Id.* 70.

Les **Alyscamps**, nécropole située le long de la *via Aurelia* à **Arles** (France). (photo Damien Bouet.)

Tombeau funéraire réservé aux gladiateurs, Hiérapolis (Turquie). (photo Carole Raddato.)

[176] *Paradoxe des stoïciens*, II, 18.

et *lemuria*. Le *memento mori*, littéralement *"souviens-toi que tu vas mourir"*, une formule du christianisme médiéval largement diffusée, sous une forme proche, dans la Rome antique, pourrait parfaitement s'appliquer à la société de l'époque, au sein de laquelle l'image de la « vanité », c'est-à-dire de la représentation allégorique de la mort, était connue.

Pour le Romain ce qui compte surtout c'est la *memoria*, c'est-à-dire le souvenir qu'il va laisser auprès des autres par ses actions, les fonctions exercées, les métiers pratiqués, les titres et les honneurs reçus au moment de son existence. À la disparition physique du corps répondent les qualités que l'homme a manifestées de son vivant. L'oubli est la pire des damnations comme l'expliquait **Cicéron**[176] : *"La mort est terrible pour ceux dont tout s'éteint avec la vie, mais non pour ceux dont la renommée ne peut périr".*

Dans la tradition républicaine, par exemple, les membres du patriciat n'hésitaient pas à conserver le masque mortuaire de leurs ancêtres (*Imago*) dans une armoire placée dans l'*atrium* de leur *domus*. Certains mêmes, à l'image de la sculpture du *togatus* Barberini, choisissait de se faire représenter avec les bustes de leurs prestigieux aïeuls.

Nous pouvons supposer qu'un gladiateur qui a eu une belle carrière et qui, au terme d'un combat difficile, succombe de ses blessures laissera dans la mémoire de ses congénères, de ses proches parents et du public, le souvenir d'un grand guerrier. Un peu comme ces héros troyens que nous évoquons encore de nos jours et dont les exploits ont traversé les siècles. De même, un condamné à mort qui saura mourir avec bravoure ne manquera pas d'inspirer, chez les observateurs de son supplice, une certaine forme d'intérêt. Tout au moins pourra-t-il être cité en exemple lors des prochaines conversations échangées sur les gradins de l'amphithéâtre !

En somme, l'instant de la mort n'effraie pas à l'inverse de l'oubli. Dans l'arène, un gladiateur doit savoir mourir avec panache. Ici, la mort, ritualisée et banalisée, est perçue comme une possibilité salvatrice. Et les philosophes et les empereurs éclairés (**Marc-Aurèle** en tête), comme d'ailleurs les accusateurs chrétiens, n'y purent rien changer.

Patricien en toge, ronde-bosse, fin du Iᵉʳ siècle av. J.-C. (photo Carole Raddato, Musei Capitolini, Rome.)

Les chrétiens accusateurs des jeux

Tertullien naquit à Carthage (Tunisie actuelle) et vécut entre 150 et 220 ap. J.-C. Il fut très probablement le premier auteur chrétien à critiquer ouvertement les spectacles romains dans leur globalité. Dans son ouvrage intitulé *Des Spectacles*, Tertullien fustige avec beaucoup de véhémence les jeux qui représentent pour lui des actes d'idolâtrie. Le *munus* notamment est contraire à sa morale et aux vertus chrétiennes qu'il défend : *"[…] Peu à peu, il devint d'autant plus goûté qu'il se faisait plus cruel ; le plaisir de ces fêtes n'était pas complet, si les corps humains n'étaient pas déchirés par les bêtes sauvages. Ainsi l'offrande propitiatoire faite aux défunts était naturellement rangée dans la catégorie des rites offerts aux mânes des parents [cf. parentalia]. Cette forme rituelle est donc idolâtrique, en tant que l'idolâtrie n'est qu'une variété de sacrifice funéraire ; des deux côtés on trouve un hommage rendu à des morts "*.[177]

Par son analyse, le polémiste ne fait que confirmer des vérités sur la mort et sur son caractère quasi rituel dans l'arène. Beaucoup d'auteurs contemporains allègueront que ces diatribes ne concernent pas seulement l'amphithéâtre, mais aussi le cirque, le stade et le théâtre. En effet, dans son ouvrage Tertullien s'attaque à la totalité des divertissements. Ses observations exaltées s'inscrivent dans une rébellion profonde contre le paganisme qui symbolise la superstition et la débauche.

Néanmoins, ce qui s'impose dans cette vision apocalyptique de la civilisation romaine, ce sont des indicateurs très instructifs pour la période à laquelle ces faits sont relatés. Nous sommes à la fin du IIe siècle, à une époque où la gladiature classique bat son plein. Il n'est pas encore question d'une gladiature finissante et, pourtant, l'auteur décrit, au sein de l'arène, des mises en scène plus barbares que sportives.

Certes, le trait est volontairement grossi, mais celui-ci témoigne d'un choc culturel entre un chrétien nouvellement converti (vers 193 ap. J.-C.), issu d'une famille romanisée et païenne, et une culture de masse portée sur la violence. D'ailleurs, parmi ses premiers ouvrages, on compte le *De Spectaculis*, preuve que les lieux de rassemblements d'une populace avide de plaisirs et d'émotions fortes lui renvoyaient l'image catastrophique d'une civilisation décadente en déficit d'empathie.

Mais l'effet de foule, le besoin *"d'être vu et de voir"*[178] et donc le cadre de ces rassemblements avec son *decorum*, sa musique et ses bruits incessants devait jouer sur le caractère de chaque individu. Peut-être même, de celui qui était le moins disposé à se satisfaire d'une pareille brutalité. C'est en substance le récit que rapporte saint **Augustin**[179] au sujet de son ami **Alypius** qui, vers 375, ne peut soustraire ses yeux à la vue des combats de gladiateurs en dépit de ses solides résolutions : *"Un incident du combat arracha à la foule tout entière une immense clameur qui le fit sursauter. Vaincu par la curiosité et se croyant prêt, quel que fût le spectacle, à le mépriser et à le dominer, il ouvrit les yeux et il fut blessé dans son âme plus grièvement que ne l'était dans son corps celui qui contemplait avec avidité ; il tomba et sa chute fut plus misérable que celle du gladiateur, cause de ces cris… Aussitôt qu'il eut aperçu ce sang, il s'abreuva de cruauté"*.

Malgré les critiques des moralisateurs chrétiens qui ont mis à l'index, dès la fin du IIe siècle ap. J.-C., les jeux de l'amphithéâtre et malgré l'instauration d'un édit de tolérance à l'égard des chrétiens en avril 313 de notre ère, sous l'effet de la politique éclairée de **Constantin**, les jeux ont tenu bon.

Certes, la Paix de l'Église a permis d'instaurer une religion qui a désormais des responsabilités envers le *vulgus*, la foule. Elle deviendra bientôt la confession des empereurs. Mais le prince, comme les élites, qui accueillent ce nouvel ordre, ne font pas tout et ne peuvent pas tout. Il leur est impossible, d'un coup de baguette magique, de détourner le regard de la plèbe d'un spectacle qui est une véritable institution à Rome et qui participe de la *voluptas* de la population. Un peuple très nombreux d'ailleurs que l'on s'efforce de maintenir dans une forme de concorde en lui abandonnant des plaisirs civiques, aussi extrêmes soient-ils.

Qu'importe que saint Augustin tienne le gladiateur pour un individu cruel[180], que **Lactance**[181] condamne celui qui est « *spectateur et complice d'un homicide* », en observant un homme se faire égorger, ou bien que **Prudence**[182] fustige, en plein IVe siècle, la gladiature qui n'est que scandale et monstruosité, les *munera* résistent et perdureront pendant des décennies.

Tertullien.
(photo *Wikimedia Commons*.)

[177] *Des Spectacles*, XII-XIII, 1.
[178] Ovide, *Art d'aimer*, I, 99 : « Elles vont pour voir et pour être vues elles-mêmes ».
[179] *Confessions*, VI, VIII, 13.
[180] *La Cité de Dieu*, III, 14.
[181] *Institutions divines*, VI, 20, 9-14.
[182] *Contre Symmaque*, II, 1096.

Chrisme, sarcophage paléochrétien, Ve siècle, Toulouse (France). (photo Damien Bouet, Musée Saint-Raymond, Toulouse.)

La fin de la gladiature

Nous parlons bien de la fin de la gladiature et non pas de la fin des spectacles sanglants. Les chasses, nous le verrons, ont largement duré après l'arrêt des *munera*. Bien qu'elles se soient transformées, elles ont continué de donner le spectacle de la mort et, cela, malgré un cadre culturel, politique et religieux qui avait été profondément bouleversé. Le christianisme réprimait les mises à mort, car il avait subi lui-même les persécutions. Celles-ci durèrent d'ailleurs tout au long de l'Empire et, même après l'Édit pris à Milan par **Constantin** (306-337), le rapport entre le pouvoir, une frange importante de la société et les croyants de cette nouvelle confession resta équivoque. Les dernières exactions et tortures à l'égard des chrétiens eurent lieu sous le gouvernement de **Dioclétien** et de **Maximien** (284-305) en 303 ap. J.-C. Ce sont, paradoxalement, les plus graves de l'histoire, surtout dans la partie orientale de l'Empire. Avec le retour de l'empereur **Julien** au paganisme, les années 361-363 furent marquées elles aussi par un climat de délation et par des attaques sournoises à l'égard de plusieurs communautés.

Tout cela donne la mesure de l'ambiance particulière dans laquelle les Empires romains d'Orient et d'Occident évoluèrent au cours du IVe siècle ap. J.-C.[183]. En plus des nombreuses migrations de peuples qui fragilisèrent et déstabilisèrent le pouvoir en place, un polythéisme traditionnel a continué d'être pratiqué et de nouveaux cultes d'origine orientale, comme celui de **Mithra**, ont fait de l'ombre au christianisme. Mais surtout, les chrétiens se persécutent eux-mêmes au cours des IVe et Ve siècles dans le cadre des débats synodaux portant sur les hérésies (docétisme, arianisme, nestorianisme, monophysisme).

Cela traduit bien les limites des valeurs morales chrétiennes et relativise cette vision utopique d'un christianisme œcuménique. Malgré les conciles, les évêques ont du mal à s'entendre et peinent à imposer aux différentes communautés un dogme incontestable. Aussi, l'élément qui nous semble devoir expliquer l'abandon des *munera* sous leur forme romaine et traditionnelle est une cause symbolique, plutôt que le résultat d'une pression religieuse. De même, malgré une volonté évidente de légiférer sur le fonctionnement de la gladiature, l'impact des réformes impériales n'a pas véritablement ébranlé ses fondations. Enfin, à partir du IIIe siècle ap. J.-C., l'image d'une récession économique générale, qui aurait frappé de plein fouet l'ensemble des provinces puis touché la totalité des organisateurs de spectacles et le monde des *ludi* est à nuancer.

Saint Érasme flagellé devant **Dioclétien**, fresque, milieu du VIIIe siècle ap. J.-C., **Rome** (Italie). (photo *Wikimedia Commons*.)

[183] Dès la fin du IIIe siècle, le système de la Tétrarchie, mis en place par Dioclétien, a pour but de faire face aux nombreuses invasions (migrations des peuples barbares) en réorganisant l'Empire romain et en lui permettant de restaurer ses valeurs.

Bien entendu, ce constat doit être relativisé à l'aune des situations politiques et géographiques au sein de l'Empire entre la fin du IIIe siècle et le tout début du Ve siècle, mais ce qui causa la disparition de la gladiature ce ne sont en aucun cas les pamphlets et la véhémence des Pères de l'Église, ni même les interdictions ou les restrictions des empereurs.

Mithra égorgeant le taureau, bas-relief, IIIe siècle, **Rome** (Italie). (photo Damien Bouet, Musée du Louvres-Lens, Lens.)

Constantin en *imperator*,
IIIᵉ siècle, **Rome** (Italie).
(photo Guillaume Marty,
Musei Capitolini, Rome.)

La piste politico-juridique :

Le changement d'attitude des empereurs romains vis-à-vis des *munera* n'a pas eu l'impact dramatique que certains s'imaginent. Sous le règne de **Constantin**, un édit, promulgué à Béryte (actuel Beyrouth) le 1ᵉʳ octobre 326, étend la peine des travaux forcés dans les mines à tous les cas qui pouvaient entraîner ultérieurement la *damnatio ad ludum*. Cette mesure pourrait être perçue comme un bon moyen d'enlever à l'amphithéâtre une grande partie de ses recrues. Mais quand on sait que nombre des combattants de l'arène sont des hommes libres et s'engagent de leur plein gré, cela permet de relativiser une telle disposition. D'ailleurs, Constantin imposa ensuite, aux prêtres provinciaux d'Italie, l'obligation d'organiser chaque année des combats de gladiateurs, preuve qu'il ne souhaitait pas voir disparaître cette institution.

Par la suite, d'autres restrictions touchèrent le monde de la gladiature. La loi de **Constance** et de **Julien**, en 357, interdit formellement aux soldats de s'engager auprès des lanistes. Lorsque l'on connaît le lien étroit qui unit l'armée et le *ludus*, on peut supposer que cette prescription a eu un impact désastreux sur la qualité des spectacles donnés ultérieurement. Pourtant, il ne s'agissait pas ici d'affadir le contenu des *munera* mais plutôt de recentrer les forces vives de l'Empire dans sa lutte contre les envahisseurs. Il fallait également interdire l'*auctoratio*, c'est-à-dire l'engagement libre, à tous ceux qui occupaient des charges palatines, le signe qu'à cette époque l'attrait de la gladiature restait immense.

Capriccio d'un forum romain,
huile sur toile, par **Giovanni Paolo Panini**, 1741.
(photo Guillaume Marty, Musei Capitolini, Rome.)

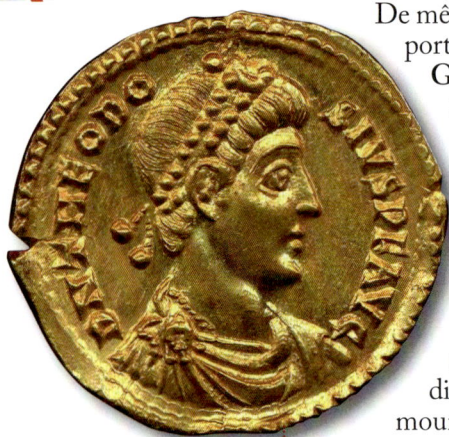

Solidus de l'empereur **Honorius**. (photo Damien Bouet, British Museum.)

De même, dans la loi du 20 mai 386[184], qui porte sur un *De Spectaculis*, les empereurs **Gratien** (367-383), **Valentinien** (375-392) et **Théodose I**[er] (379-395) conseillent aux gouverneurs de ne plus participer au *ludus meridianus* et au *munus*. Il s'agit là d'une simple recommandation sans véritables effets et non pas d'une injonction aux conséquences graves.

Certains auteurs s'appuient sur la fermeture des écoles impériales de gladiature vers 399 pour montrer le désamour des empereurs chrétiens pour les *munera* et le déclin de ces exhibitions. Certes, ce choix résulte bien d'une volonté d'apaiser l'Église

mais cela n'enlève rien à l'existence des *ludi* privés qui continuent de fonctionner normalement et sont encore attestés par **Prudence**[185] au début du Ve siècle ap. J.-C. De même, la question de l'exil de certains gladiateurs ne s'applique qu'aux combattants qui sont au service des sénateurs[186]. Ces derniers, entourés de gardes du corps bien entraînés, sont susceptibles de renverser l'empereur dans un contexte politique déjà extrêmement fragile.

Précisons encore que **saint Ambroise**[187] témoigne de l'existence de combats de gladiateurs à Milan à la fin du IVe siècle et que le coup d'arrêt porté par **Honorius** aux *munera* intervient vers 404, alors que tout indique que la gladiature est encore particulièrement vigoureuse. D'ailleurs, le motif de cette interdiction est d'une extrême futilité puisqu'elle intervient à la suite d'une échauffourée au sein du Colisée. C'est une loi promulguée à Ravenne, nouveau séjour de l'empereur, qui mettrait donc un terme aux combats de gladiateurs. Des historiens avancent que cet interdit frappait seulement les jeux impériaux[188], ce qui implique que les *munera* privés ou provinciaux aient pu perdurer.

À ce sujet, un médaillon contorniate postérieur à l'année 410, quelques temps après que la cité de Rome ait été mise à sac par **Alaric**, renseigne sur le dernier *munus* connu. La légende proclame *Reparatio muneris feliciter* et s'accompagne de la lutte d'un rétiaire contre un *secutor*. Cette tentative de restauration de la gladiature a dû

Le sac de Rome par les barbares en 410, huile sur toile, par **Joseph-Noël Sylvestre**. (photo *Creative Commons*.)

Diptyque d'*Areobindus* avec scène de *venatio*, ivoire, début du VIe siècle ap. J.-C. (photo Damien Bouet, Musée National du Moyen Âge de Cluny.)

Carte du Royaume Wisigoth
à la fin du IVᵉ siècle. (DAO Damien Bouet.)

germer dans l'esprit des successeurs d'Honorius et notamment de **Valentinien III** (425-455), à qui l'on doit cette émission. Le but était bien entendu de retrouver l'image d'une Rome impériale universelle et triomphante, alors que l'Empire était assiégé de toute part. Surtout, l'existence de cette formule prouve que l'interdit d'Honorius n'était absolument pas définitif.

Notons qu'un second médaillon, accompagné de la même légende, présente cette fois une *venatio*. Nous y voyons un *venator* à l'épieu affronter un ours. S'il y eut encore des combats entre des hommes et des bêtes après le sac de Rome en 410 et, surtout, après la chute de l'Empire romain en 476, les *munera* que souhaitait voir reparaître Valentinien III furent, quant à eux, définitivement abandonnés au profit des *venationes*. Les raisons de cet abandon peuvent s'expliquer au premier abord par un contexte géopolitique extrêmement tendu. Or, c'est bien l'implantation des différents royaumes barbares qui, sur la durée, a causé la mort de ce spectacle.

Ce qui a radicalement changé à Rome et dans l'Empire dès la fin du IIIᵉ siècle ap. J.-C., tout au long du IVᵉ siècle ap. J.-C. et, plus particulièrement, au Vᵉ siècle ap. J.-C., malgré les sursauts d'orgueils et les coups d'éclats politiques de certains empereurs, c'est le déferlement inépuisable de ces peuples exogènes qui ont modifié considérablement les traditions ancestrales de Rome. Les Francs, les Alamans, les Goths, puis les Huns, à la tête desquels se trouvaient des chefs ambitieux (**Alaric, Attila, Genséric**, etc.) eurent raison, à terme, de toutes les résistances et de toutes les diplomaties.

Au dernier siècle de l'Empire, l'arrivée de ces potentats au centre de la vie politique romaine a entériné le décalage entre un passé que l'on s'ingéniait à vouloir préserver et une nouvelle ère qui annonçait les futurs royaumes barbares dont **Clovis** et **Théodoric** seraient les plus éclatants représentants. Le temps du *Fœdus* – traité passé entre Rome et un peuple étranger devenant allié – avait vécu. Désormais, les pactes d'alliance entre les pseudos empereurs romains et les barbares se modifiaient. L'implantation de ces derniers n'était plus en marge de l'Empire, sur les frontières, mais au cœur même des territoires les plus riches. Ce fut le cas en 418 ap. J.-C., lors du traité passé entre Honorius et **Wallia**, roi des Wisigoths.

[184] *Code théodosien*, XV, 5, 2
[185] *Contre Symmaque*, II, 1094-1095.
[186] *Code théodosien*, XV, 12, 3.
[187] *De Officiis ministrorum*.
[188] *Gonzalez*, 2011, p.285.

Applique ornée d'un chrisme, d'un masque humain et de décors zoomorphiques, découverte dans le trésor de **Limons** (Auvergne). (photo Damien Bouet, BNF.)

Évocation de deux aristocrates francs de la fin du Vᵉ siècle. (photo Damien Bouet, *Ulfhednar*.)

Buste de **Claude II le Gothique**, bronze, IIIe siècle ap. J.-C., **Brescia** (Italie). (photo Giovanni Dall'Orto, Santa Giulia Musei, Brescia.)

Une cause symbolique

Mais revenons donc sur la disparition des *munera*. Beaucoup d'historiens arguent qu'à l'image des scènes de la mosaïque Borghèse, la gladiature de la fin du IIIe siècle et du IVe siècle se brutalise et propose des combats de mauvaise qualité avec des gladiateurs mal entraînés et empâtés. Ne faut-il pas tout simplement voir dans cette exacerbation de la violence au sein du *munus* un reflet de l'époque ? Si l'on considère les origines de la gladiature qui était, par nature, « ethnique », nous pouvons mieux considérer la transformation des spectacles au Bas-Empire. À l'origine, n'oublions pas que Rome mettait en scène sur le *forum* les guerriers des peuples qu'elle avait conquis pour dévoiler le spectacle de sa puissance.

Certes, dans le contexte du IVe siècle, on ne retrouve pas dans l'arène des représentants des campagnes menées par **Claude le Gothique** (268-270) contre les Alamans et les Goths, par **Aurélien** contre les Vandales et les Juthunges en 271, par **Probus** contre les Francs et les Alamans en 276-277 puis, contre les Vandales et les Burgondes en 278-279, etc. Tout simplement parce que ces peuples, à l'inverse des Samnites, des Thraces et des Gaulois de la République n'ont pas été définitivement vaincus à l'issue des campagnes militaires romaines. Beaucoup d'entre eux restent une menace permanente, un problème récurrent dans la politique de stabilisation des frontières et de récupération des territoires perdus.

Il était donc impossible de voir apparaître des combattants issus de ces peuples dans l'amphithéâtre. Par contre, qu'une aggravation de la brutalité des combats entre les gladiateurs de type classique se soit faite jour, cela nous semble tout à fait compréhensible si l'on considère l'amphithéâtre comme un lieu servant un discours, une propagande. Les rétiaires et les *secutores*, qui incarnent la gladiature de tradition romaine par excellence, s'opposent farouchement, versent leur sang en abondance et meurent comme de vrais guerriers. C'est une image extrême qu'il faut comprendre en terme symbolique. Le gladiateur, à l'image du soldat romain, est persévérant et il n'abandonne jamais le combat.

D'emblée, on comprend mieux pourquoi, avec l'avènement des royaumes barbares, les *munera* ne furent pas réintroduits dans les cités, alors que l'historien byzantin **Procope de Césarée**[189] témoigne de la réimplantation des jeux hippiques à Rome sous le règne du roi wisigoth **Théodoric** (493-526), qualifié d'ailleurs à ce titre de nouveau Trajan.

[189] *Histoire des Goths*, III, 37,4.

Chasse à l'ours sur un diptyque du Ve siècle ap. J.-C. en ivoire teint. (photo Damien Bouet, Musée du Louvre.)

Scène de chasse,
mosaïque, V-VIᵉ siècle ap. J.-C,
Méditerranée orientale.
(photo Damien Bouet, Musée du Louvre, Paris)

Si après le délitement de l'Empire, il paraissait normal d'autoriser le peuple à profiter des courses de chars, des *ludi* molles – c'est-à-dire des spectacles sans gladiateurs – et des *venationes*, il n'était pas question pour ces souverains d'accepter la poursuite d'une exhibition typiquement romaine comme la gladiature. Celle-ci, par le cadre même de sa représentation – l'amphithéâtre, un lieu qui au cours des âges avait été le réceptacle de la puissance expansionniste romaine –, par la variété des combats et des combattants qu'elle mettait aux prises – symbole des aptitudes des Romains et de leur acharnement à la lutte – et, surtout, par la symbolique qu'elle était susceptible de dévoiler aux yeux du public, était devenue sacrilège et constituait un véritable outrage pour les nouveaux potentats.

Et puis, les jeux de l'amphithéâtre renvoyaient directement au pouvoir de l'empereur, à sa sacralisation, à la communion du *princeps* et de la foule[190]. Il y avait, dans cette mise en scène, l'idée de commémoration, de rapport au passé et de grandeurs futures de la Rome éternelle dont le prince présidait à la destinée. Par ses propres victoires, par le spectacle de sa puissance, l'empereur incarnait l'éternité de Rome. Ici comme dans les autres capitales et dans toutes les cités qui participaient encore au culte impérial, cette notion restait importante. Aux IVᵉ et aux Vᵉ siècles ap. J.-C., les *munera* continuaient donc d'être perçus, comme l'un des fondements de l'identité « belliqueuse et conquérante » de Rome.

Ainsi, le gladiateur est le grand perdant des bouleversements politiques du Vᵉ siècle. Il sera progressivement remplacé dans le cœur du public par le *venator*, celui qui, finalement, deviendra – ou restera – pour l'élite nouvelle et le peuple, le vrai héros de l'arène pour son caractère consensuel et sa symbolique œcuménique.

Que ce soit dans les royaumes goths, chez les Vandales où les jeux romains traditionnels se poursuivent dans les cités les plus importantes entre 439 et 533[191], comme chez les Byzantins dont le diptyque consulaire d'Areobindus daté de 506 ap. J.-C. illustre, près d'un siècle après la disparition des *munera*, la pratique de la chasse et des exercices de dressage à Constantinople, les *venationes* conservèrent une aura remarquable. Chez les Francs notamment, la réactivation des représentations cynégétiques participe d'une volonté d'affirmation du pouvoir. D'un pouvoir réinventé entre les mains de chefs politiques et militaires ayant embrassé la nouvelle religion.

[190] Sur ces questions, voir les travaux de Stéphane Benoist. Notamment *Rome, le prince et la Cité. Pouvoir impérial et cérémonies publiques (Iᵉʳ siècle av.-début du IVᵉ siècle ap. J.-C.)*, Paris, 2005.
[191] Voir sur ce point les poèmes de Luxorius.

Scène de **chasse au tigre,**
mosaïque byzantine, **Büyük Saray** (Turquie)
Vᵉ siècle ap. J.-C. (Büyük Saray Mozaikleri Müzesi.)

La vision de saint Hubert, huile sur toile, Jan Brueghel, 1617. (photo Museo del Prado, Madrid.)

LE CHASSEUR VRAI HÉROS DE L'ARÈNE

Solidus de Théodebert, or, atelier de Verdun. (photo Laurianne Kieffer, Musée de La Cour d'Or, Metz Métropole.)

En Gaule, après la montée en puissance des Francs, les chasses sont réactivées à de nombreuses occasions dans le but de légitimer le pouvoir mérovingien. Certains récits hagiographiques font la part belle à cette dualité nature/culture particulièrement bien mise en exergue dans la lutte du chasseur contre des créatures sauvages.

Désormais, l'idée de supériorité de l'homme sur la bête est exacerbée, le rôle du chasseur/dompteur – dont la quête doit permettre de dominer les forces sacrées de la nature – devient omniprésente. Il est indéniable que la sacralité mérovingienne passe par la pratique de la chasse. Ce n'est plus l'empereur qui soumet l'univers et ses créatures, mais le roi-chasseur qui agit en cynégète dans le but de garantir l'équilibre du monde. Cela dans une relation d'échanges institutionnalisés avec l'animal à des fins civilisatrices. En tuant le gibier, le roi s'accapare la force magique de la bête tout en té-moignant de sa soumission à Dieu par une offrande qui rappelle la pratique vétérotestamentaire du sacrifice. L'image du cerf, symbole du baptême par excellence, rappelle le supplice du Christ à travers ses ramures. D'ailleurs, cet animal prestigieux accompagne de nombreux saints dans leurs péré-grinations. Il joue un rôle essentiel lors de l'épisode de chasse d'**Hubert**, l'arrière-petit-fils de Clovis.

Plusieurs sources archéologiques confirment que des scènes de chasses aux sangliers et aux cerfs[192] décoraient les sarcophages mérovingiens. Elles traduisent l'appétence de la société franque pour la cynégétique et éclairent l'institution des *forestes*[193] à partir du VIIe siècle ap. J.-C., ce dont témoigne l'ornementation d'un sarcophage mis au jour au monastère de Pental sur la commune de Saint-Samson-de-la-Roque dans l'Eure ou le thème iconographique d'un sarcophage retrou-vé à Andresy en Seine-et-Oise.

Chasse aux sangliers, pierre, Saint-Samson-de-la-Roque (Eure), fin Ve ou début VIe siècle ap. J.-C. (DAO Damien Bouet, d'après K. Kazek.)

Chasse à l'ours, détail d'un chapiteau, XIIᵉ siècle. (photo Damien Bouet.)

Ces deux exemplaires, datés de la fin du Vᵉ siècle ap. J.-C./début du VIᵉ siècle ap. J.-C., mettent en scène des cervidés et des suidés lors d'une chasse à l'épieu. Durant l'antiquité tardive, comme le prouvent ces exemples, le rôle du *venabulum* reste central dans la pratique quotidienne de la cynégétique. Par transposition, dans le cadre des spectacles donnés par les rois mérovingiens pour affirmer leur autorité, ce sont bien les *venatores* qui ont récupéré l'aura des gladiateurs et qui luttent pour la gloire de leur souverain.

À ce sujet, **Grégoire de Tours**[194] renseigne sur une anecdote très instructive du temps de **Childebert** (511-558). L'historien chrétien fait état de la mise à mort de **Magnovald** en ces termes : *"Pendant que le roi, dans son palais de Metz, assistait à des jeux, et regardait un animal harcelé de tous côtés par une troupe de chiens, il fit appeler Magnovald. […] Mais pendant qu'il était attentif au spectacle, un homme, qui en avait reçu l'ordre, leva sa hache et lui fendit la tête".* La mention des canidés renvoient indéniablement à la présence d'une troupe de *venatores* à leurs côtés.

Par ailleurs, la mention du *palais de Metz* prouve que Childebert observe ces exhibitions depuis sa résidence sur la colline Sainte-Croix ou à proximité, et que, sous son règne, il existe donc à *Mettis*, comme l'ont confirmé plusieurs sources et, notamment, une fouille archéologique, un édifice de spectacle en bon état capable d'accueillir des manifestations de toutes sortes. Ce monument soigné, datable du début du IVᵉ siècle ap. J.-C., a pu servir à remplacer le grand amphithéâtre du Sablon laissé à l'abandon au IIIᵉ siècle de notre ère. Sa construction permet surtout de relativiser l'excessif repli urbain qu'auraient connus les villes de province à la suite de la « migration des peuples » (*Völkerwanderung*) d'Europe de l'Est.

Vers 535-539 ap. J.-C., **Procope**[195] précise encore que **Théodebert** (534-548), au retour de son expédition italienne qui lui permit de faire reconnaître, par **Justinien**, l'acte de cession qui donnait aux Francs la Provence, offrit des jeux en Arles. De même, en 577 ap. J.-C., **Chilpéric** (561-584), mais à Lutèce cette fois, ordonna de réparer les ruines de l'amphithéâtre pour qu'on puisse y présenter des exhibitions de toutes sortes.

Plus d'un siècle après la disparition des combats de gladiateurs à Rome, certaines arènes de Gaule redeviennent des lieux privilégiés du pouvoir pour les rois francs. Comme en témoignent les sources littéraires, ce sont les exhibitions d'animaux et les chasses qui contribuent désormais à asseoir la renommée des puissants. Dans ce contexte, le chasseur s'inscrit dans une continuité prestigieuse. En combattant les créatures qui s'offrent à lui, il comble les attentes « (sur)-naturelles » des dynastes et participe pleinement au processus de sacralité de la royauté mérovingienne, comme il contribuait jadis, par ses actes, à exalter une certaine forme de *virtus* impériale. ∎

[192] À l'origine, la chasse aux cerfs est une pratique gauloise. Une belle mosaïque, mise au jour à Lillebonne en 1870 (IIIᵉ-IVᵉ siècle ap. J.-C.), caractérise parfaitement cette tradition de la chasse au cerf à l'appelant.
[193] Il s'agit des espaces sauvages où le roi se réserve la chasse.
[194] *Histoire ecclésiastique des Francs*, VIII, 36.
[195] *Histoire des Goths*, III, 33.

Le **petit amphithéâtre de Metz**
"Ruines très antiques d'un amphithéâtre…", gravure de **Chastillon**, 1614. (Musée de La Cour d'Or, Metz Métropole.)

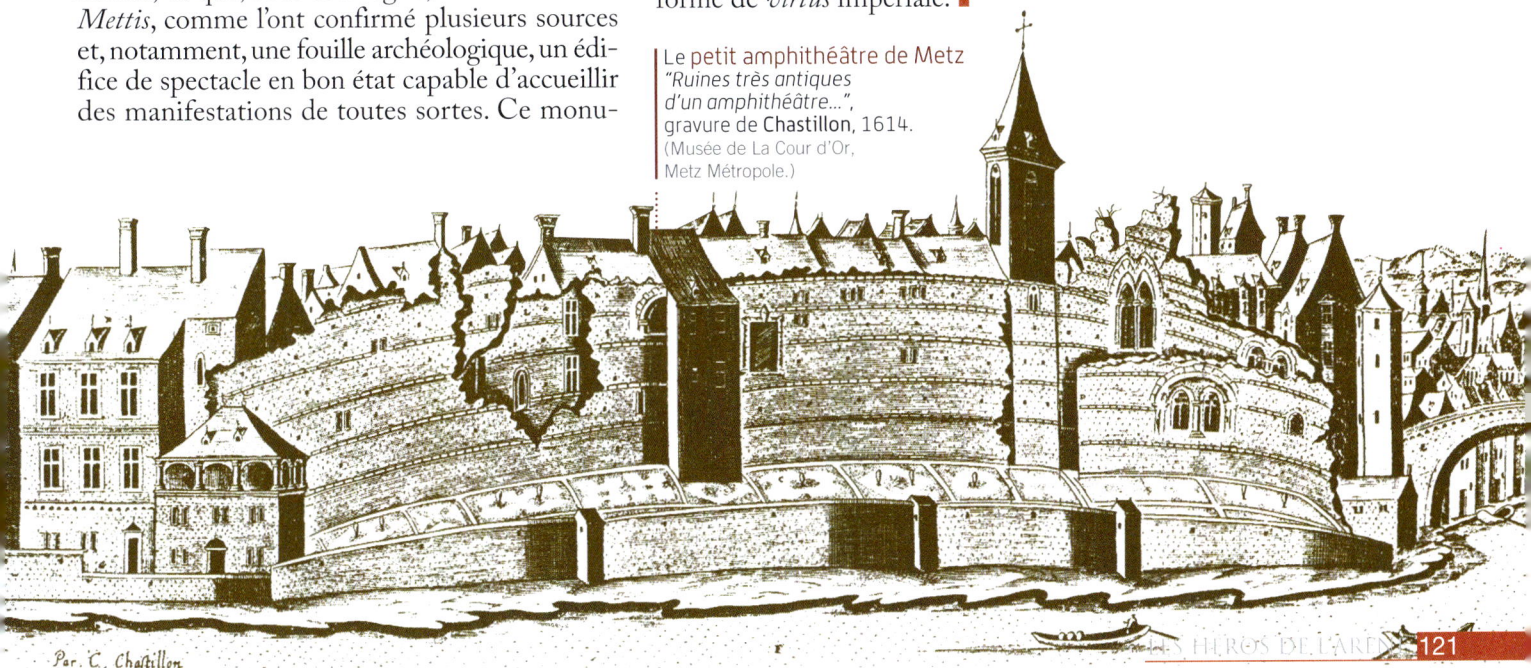

Par. C. Chastillon

BIBLIOGRAPHIE

ABEL C., "L'amphithéâtre romain de Metz", *BSHAM*, 7ᵉ année, Metz, 1864.

ACHARD G., *La communication à Rome*, Paris, 1991.

AUGUET R., *Cruauté et Civilisation : les jeux romains*, Paris, 1970.

AZIZA C., "L'Antiquité retrouvée, *Gladiator*", *ARELAP*, hors-série n°10, sept. 2000.

AYMARD J., *Les chasses romaines des origines à la fin du siècle des Antonins*, Paris, 1951.

BARBET A., "La représentation des gladiateurs dans la peinture murale romaine", *Les Gladiateurs*, Lattes (mai-juillet 1987), Toulouse (juillet-septembre 1987), Musée archéologique de Lattes, 1987, p.69-76.

BARBET A., "Scènes de chasse : les peintures de Nizy-le-Comte (Aisne)", *La peinture murale antique*, Actes du IXᵉ séminaire de l'AFPMA, Paris 23-28 avril 1982, DAF, 10, Paris, 1987, p.53-69.

BARBET A., *La peinture romaine, fresques de gladiateurs à Périgueux*, Périgueux, 1999.

BARTHÉLÉMY S., GOUREVITCH P., *Les loisirs des romains*, Paris, 1975.

BATTAGLIA D., *Cosi combattevano i gladiatori, Retiarivs vs. Secutor et Scissor*, Bergame, 2002.

BARTON C., *The sorrows of the Ancient Romans: the gladiator and the monster*, Princetown, 1993.

Liste des abréviations

AFPMA Association française pour la peinture murale antique

ARELAP Association régionale des enseignants de langues anciennes de Créteil, Paris et Versailles.

BAR British Archaeological Reports

BCH Bulletin de correspondence hellénique

BMM British Museum magazine

BSHAM Bulletin de la société d'archéologie et d'Histoire de la Moselle

CRAI Comptes rendus des séances de l'Académie des Inscriptions et Belles-Lettres

GIREA Groupe International de Recherche sur l'Esclavage dans l'Antiquité

JRMS The Journal of Roman Military Equipment Studies

MAH Mélanges d'Archéologie et d'Histoire

MSAF Mémoires de la société archéologique du midi de la France.

MEFRA Mélanges de l'École française de Rome. Antiquité

PBSR Papers of the British School at Rome

RHMLA Revue historique de Metz et de la Lorraine Allemande ∎

BENOIST S., "Le prince, les dieux et les hommes assemblés", dans *La fête, la rencontre des dieux et des hommes*, actes du 2ᵉ colloque international de Paris *La fête, la rencontre du sacré et du profane*, 6-7 décembre 2002, Paris, 2004, p.159-190.

BENOIST S., *Rome, le prince et la Cité. Pouvoir impérial et cérémonies publiques (Iᵉʳ siècle av. – début du IVᵉ siècle ap. J.-C.)*, Paris, 2005.

BERNET A., *Les Gladiateurs*, Paris, 2002.

BESCHAOUCH A., "La mosaïque de chasse à l'amphithéâtre découverte à Smirat, en Tunisie", *CRAI*, 1966, p. 134-157.

BODSON L., "Place et fonction du chien dans le monde antique", *Ethnozootechnic* n°25, 1980, p.13-21.

BODSON L., "Points de vue romains sur l'animal domestique et la domestication", *Caesarodunum*, hors-série, *Homme et l'animal dans l'antiquité romaine*, Tours, 1995, p.28-37.

BOESELAGER D., *"Das Gladiatorenmosaik in Köln"*, *Kölner Jahrbuch* n°20, Cologne, 1987, p.111-128.

BOULEY É., "La gladiature et la *venatio* en Mésie inférieure et en Dacie à partir du règne de Trajan", *Dialogues d'histoire ancienne*, vol. 20, n°1, 1994. p.29-53.

BOULEY É., *Jeux romains dans les provinces balkano-danubiennes du IIᵉ siècle av. J.-C., à la fin du IIIᵉ siècle ap. J.-C.*, Besançon, 2001.

BOULEY É., "Esclaves du monde des spectacles dans les provinces balkaniques et danubiennes", *Routes et marchés d'esclaves*, XXVᵉ colloque du GIREA, Besançon 2001, p.97-112.

BROWN S., *"Death as decoration: scenes from the arena on Roman domestic mosaics"*, RICHLIN A., (ed.), *Pornography and representation in Greece and Rome*, New York, 1992, p.180-211.

BRUNEAU P., "Le motif des coqs affrontés dans l'imagerie antique", *B.C.H.* n°89, 1965, p.90-121.

CARABIA J., "Les ours dans la Gaule romaine : témoignages épigraphiques et archéologiques", 108ᵉ Congrés National des Sociétés Savantes, Grenoble 1983, p.183-197.

COMBES C., GUITTON C., *L'Homme et l'animal de Lascaux à la vache folle*, Paris, 1999.

COULSTON J.-C.-N., "Gladiators and soldiers: personnal and equipment, *ludus* and *castra*", *JRMES* n°9, 1998, p. 1-17.

CHÂTELAIN V., "Le grand amphithéâtre gallo-romain de Metz", *RHMLA* t.1, Metz, 1904, p.87-89.

CHÂTELAIN V., *Le Grand amphithéâtre gallo-romain de Metz, l'église de Saint-Pierre-aux-Arènes et la légende du Graouly*, Metz, 1904.

CHÂTELAIN V., *Le Grand amphithéâtre gallo-romain de Metz*, Metz, 1904.

CLAVEL-LÉVÉQUE M., *L'Empire en jeux. Espace symbolique et pratique sociale dans le monde romain*, Paris, 1984.

CORBEILL A., "Thumbs in Ancient Rome: Pollex and Index", *Memoirs of the American Academy in Rome* n°42, 1997, p.1-21.

DAN A., "Le Sang des Anciens : notes sur les paroles, les images et la science du sang", *Vita Latina* n°1, 2011, vol. 183, p. 5-32.

DAREMBERG C., SAGLIO E., *Dictionnaire des Antiquités Grecques et Romaines*, 9 vols, Paris, 1877-1910, aux entrées : *Amphitheatrum*, vol.I (C. THIERRY) ; *Bestiarii*, vol.I (E. SAGLIO) ; *Canis*, vol.II (E. COUGNY) ; *Clipeus*, vol.II (M. ALBERT) ; *Gladiator*, vol.IV (G. LAFAYE) ; Gladius, vol.IV (E. BEURLIER) ; *Munus*, vol.VI (Ch. LECRIVAIN) ; *Venatio*, vol.IX (G. LAFAYE) ; *Venator*, vol.IX (G. LAFAYE).

DARMON J.-P., "La Mosaïque de Lillebonne", *La Normandie souterraine*, catalogue d'exposition, Rouen, 1975, p.117-131.

DARMON J.-P., "La mosaïque de Lillebonne, aujourd'hui", *Centenaire de l'abbé Cochet*, Rouen, 1976, p.235-250 et pl. I-XIV.

DARMON J.-P., "Les restaurations modernes de la grande mosaïque de Lillebonne", *Gallia* n°36, 1, 1978, p.65-88.

DAVY M.-M., *L'Oiseau et sa symbolique*, Paris, 1992.

DÉCHELETTE J., *Les vases céramiques ornés de la Gaule Romaine : Narbonnaise ; Aquitaine; Lyonnaise*, t.1 et 2, Paris, 1904.

DEMAROLLE J.-M., "La rhétorique de l'image : le thème cynégétique dans la sigillée médiomatrique", A. WAHL (dir.), *Des jeux et des sports*, Actes du colloque de l'Université de Metz 1985, Metz, 1986, p.7-17.

DOMERGUE C., RICO C., "Un gladiateur à Toulouse. Note sur une trouvaille faite à l'amphithéâtre de Toulouse-Purpan", *PALLAS* n°76, 2008, p.331-339.

DUMASY F., "Scènes d'amphithéâtres et de cirque dans les peintures de la villa gallo-romaine du Liégeaud à la Croisille-sur-Briance", *La peinture Murale Romaine dans les provinces de l'Empire*, journées d'étude de Paris (23-25 septembre 1982), *BAR International Series* 165, 1983, p.199-219.

DUMASY F., "Les peintures de la villa du Liégeaud à la Croisille-sur-Brillance (Haute-Vienne)", *Peinture murale en Gaule*, Actes des Séminaires de Limoges (1981) et Sarrebourg (1981), *Studia Gallica* n°1, 1984, p.13-24.

DUMASY F., "Représentations de gladiateurs", Actes du Xᵉ séminaire de l'*AFPMA*, Vaison-la-Romaine (1-3 mai 1987), Paris, 1989, p.123-134.

DUMASY F., "Peintures et inscriptions d'un munus gladiatorium (Le Liégeaud à la Croisille-sur-Brillance, Haute Vienne)", *Spectacula I, Gladiateurs et Amphithéâtres*, Actes du colloque tenu à Toulouse et à Lattes (26-29 mai 1987), Lattes, 1990, p.151-163.

DUMONT J., "Les combats de coqs furent-ils un sport ?", *PALLAS* n°34, 1988, p.33-44).

FEDELI P., *Écologie antique, milieux et modes de vie dans le monde romain*, Dijon, 2005.

FLECKER M., *Römische Gladiatorenbilder: Studien zu den Gladiatorenreliefs der späten Republik und der Kaiserzeit aus Italien*. Studien zur Antiken Stadt, Wiesbaden, 2015.

FORNÉS-PALLICIER M.-A., PUIG RODRIGUEZ-ESCALONA M., "Los gestos con el pulgar en los combates de gladiatores", *Latomus* n°65, 2006, p.963-971.

FUTRELL A., *Blood in the Arena. The spectacle of the Roman power*, Austin, 1997.

GARDINER E.-N., *Athletics of the Ancient World*, Oxford, 1930.

GARLAN Y., *La guerre dans l'Antiquité*, Paris, 1972.

GARRUCI P., "Dell' arma gladiatoria detta galerus", *Bull. arch. Napol.*, N.S., I, 1852-53, p.101-104.

GENNESON L., "Le grand amphithéâtre gallo-romain de Metz", *Le Pays Lorrain* n°42, vol.1, 1961, p.1-37.

GILBERT F., *Le soldat romain à la fin de la République et sous le Haut-Empire*, Saint-Germain-du-Puy, 2004.

GILBERT F., *Légionnaires et auxiliaires sous le Haut-Empire romain*, Saint-Amand-Montbrond, 2006.

Gilbert F., *Devenir gladiateur, la vie quotidienne à l'école de la mort*, Lacapelle-Marival, 2013.

GILBERT F., *Gladiateurs, chasseurs et condamnés à mort, le spectacle du sang dans l'amphithéâtre*, Lacapelle-Marival, 2013.

GILBERT F., *Les Gladiateurs*, 2014.

GOLVIN J.-C., LANDES C., *Amphithéâtres et Gladiateurs*, Paris, 1990.

GOLVIN J.-C., *L'amphithéâtre Romain. Essai sur la théorisation de sa forme et de ses fonctions*, Paris, 1988.

GONZALES A., "La mort en spectacle : *uoluptas et laetitia plebis*" SOLER E., et THÉLAMON F., (éd.), *Les jeux et les spectacles dans l'empire romain tardif et dans les royaumes barbares*, année 2011, 37-2, p.279-286.

GRÖNING K., SALLER M., *L'éléphant mythe et réalité*, Cologne, 1998.

GRENIER A., "Hercule et les théâtres gallo-romaines", *Revue des Études Anciennes* n°42-1-4, année 1940, p.636-644.

INGLEBERT H., *Histoire de la civilisation romaine*, Paris, 2005.

JACKSON R., "Gladiators in Roman Britain", *BMM* n°38, 2000, p.16-21.

JALLET-HUAN M., *Plaisirs, combats et jeux du cirque dans la Rome antique*, Charenton-le-Pont, 2003.

JALLET-HUAN M., *La Chasse dans l'antiquité romaine*, Paris, 2008.

JUNKELMANN M., *Das Spiel mit dem Tod: So kämpfen Roms Gladiatoren*, Mayence, 2000.

KAZEK K., "Le *retiarius* et ses adversaires, des sources antiques à l'expérimentation", *Regards sur la Gaule de l'Est*, Metz, 2004, p.247-273.

KAZEK K., "La *venatio*, un univers méconnu de l'amphithéâtre", *Histoire antique et médiévale*, Hors-Série, mars 2010.

KAZEK K., *La Mosaïque romaine en pays messin*, Metz, 2011.

KAZEK K., "L'amphithéâtre, une particularité romaine", *Des jeux du stade aux jeux du cirque*, Treignes, 2010, p.177-192.

KAZEK K., *"Morituri te salutant* : vérités et mythologies des spectacles de l'amphithéâtre" *Des jeux du stade aux jeux du cirque*, Treignes, 2010, p.193-206.

KAZEK K., *Gladiateurs et chasseurs en Gaule au temps de l'arène triomphante, Ier- IIIe siècle ap. J.-C.*, Rennes, 2012.

KAZEK K., "Les chasseurs dans l'amphithéâtre : les vrais héros de l'arène ?" *L'Archéologue*, novembre 2013.

KAZEK K., "Les jeux de l'amphithéâtre en Lorraine gallo-romaine", *Annales de l'Est*, 7e série, 67e année, numéro spécial, Metz, 2017, p.73-81.

KAZEK K., "Le chasseur : héros victorieux des jeux de l'amphithéâtre", *Antiquité magazine* n°10, février 2018, p.58-71.

KÖHNE E., EWIGLEBEN C. (dir.), *Gladiatoren und Caesaren. Die Macht der Unterhaltung im antiken Rom*, Mayence, 2000.

KRUUK H., *Chasseurs et chassés, relations entre l'homme et les grands prédateurs*, Paris, 2005.

KYLE D. G., *Spectacles of death in ancient Rome*, Londres and New York, 1998.

LAFAYE G., "Criminels livrés aux bêtes", *MSAF*, 1892, p.97-116.

LA REGINA A., *Sangue e Arena*, Rome, 2001-2002.

LASSALLE V., *Les Arènes de Nîmes*, Nîmes, 1979.

LAURENCE R., *"Emperors, nature and the city: Rome's ritual landscape"*, *The Accordia Research Papers*, vol. 4, 1993-1994, p.79-87.

LEEMANS C., "Le rétiaire et le mirmillon", *Revue archéologique* n°1, 9e Année, 1852, p.65-86.

LEPELLET C. (dir.), *Rome et l'intégration de l'Empire (44 av. J.-C. - 260 ap. J.-C.)*, t.2 : *Approches régionales du Haut-Empire romain*, Paris, 1998.

LE ROUX P., *Le Haut-Empire romain en Occident, d'Auguste aux Sévères*, Paris, 1998.

LOPEZ B., Teyssier E., *Gladiateurs, des sources à l'expérimentation*, Paris, 2005.

MANCIOLI D., *Giochi e spettacoli*, Rome, 1987.

LORIQUET C., *La mosaïque des Promenades et autres trouvées à Reims*, Reims, 1862.

REBETEZ S., "Les deux mosaïques figurées et le Laraire de Vallon (Suisse)", *Antike Welt* n°23, 1992, p.3-29.

MARROU H., "Palma et Laurus", *MAH* n°58, 1941-1946, p.109-131.

MATZ D.-S., *Epigraphical evidence relating to the Roman gladiatorial establishment*, Thèse, graduate school of Minnesota, 1977.

MEA C., *La cavalerie romaine des Sévères à Théodose*, Bordeaux, 2014.

MEIER P. J., *De Gladiatura*, 1882.

SENNEQUIER G. *et alii*, *Les verres romains à scènes de spectacles trouvés en France*, Rouen, 1998.

MÉNIEL P., *Les Gaulois et les animaux, élevage, repas et sacrifice*, Paris, 2001.

MONGEZ A., *"Mémoire sur les animaux promenés ou tués dans les cirques"*, *Mémoires de l'Institut national de France*, tome 10, 1833. p.360-460.

OLIVIER A., "Les amphithéâtres de la Gaule : Grand", Dossier *Histoire et Archéologie* n°116, mai 1987, p.72-77.

PETIT J., *Bronzes antiques de la collection Dutuit*, Paris, 1980.

PICARD G., "Un banquet costumé sur une mosaïque d'El-Djem", *Comptes rendus des séances de l'Académie des Inscriptions et Belles-Lettres*, Année 1954, 98-4, p.418-424.

PICHOT A., *Les Édifices de spectacle des Maurétanies romaines*, Drémil-Lafage, 2012.

PIGANIOL A., "Les *Trinci* gaulois. Gladiateurs consacrés", *Revue des Études Anciennes* n°4, Tome 22, 1920, p.283-290.

PILLET A., "Étude sur la *damnatio ad bestias*", *Romana Tellus* n°I, 1912, p.218-228.

PÉCHÉ V., VENDRIES C., *Musique et spectacles dans la Rome antique et dans l'Occident romain*, Paris, 2001.

POPLIN F., "Les cerfs harnachés de Nogent-sur-Seine et le statut du cerf antique", *Académie des Inscriptions et Belles Lettres*, Comptes rendus des séances de l'année 1996, janvier-mars, p.393-419.

PRISCO A., *Le Statut social des gladiateurs d'Auguste à Gallien*, DEA sous la direction de DEMOUZIN S., École pratique des Hautes Études, Paris, 2002.

RAWSON E., *"Discrimina Ordinum: The Lex Iulia Theatralis"*, *PBSR* n°55, 1987, p.83-114.

REDDÉ M., *L'Armée romaine en Gaule*, Paris, 1996.

REYTER I., *"Animaux domestiques, animaux sacrés, Les relations homme-animal à l'époque gallo-romaine dans l'espace Meuse-Moselle"*, catalogue d'exposition, Thionville, 2004.

ROBERT L., *Les Gladiateurs dans l'Orient grec*, Bibliothèque de l'École pratique des Hautes Études, Paris, 1940.

ROSTOVZEFF M., *"Vexillum and victory"*, *Journal of Roman Studies* XXXII, 1942, p.92-106.

SABBATINI TUMOLESI P., *Gladiatorum paria. Annunci di spettacoli gladiatori a Pompei*, Rome, 1980, p.143-145.

SABLAYROLLES R., "La mort en direct : le tragique du gladiateur", *PALLAS, revue d'études antiques*, année 1998, p.343-351.

SAUNDERS N.-J., *Le Culte du félin*, Paris, 1992.

SCHNAPP A., *Le Chasseur et la cité : chasse et érotique dans la Grèce ancienne*, Paris, 1997.

Spectacula I, *"Gladiateurs et Amphithéâtres"*, Actes du colloque tenu à Toulouse et à Lattes les 26, 27, 28 et 29 mai 1987, Lattes, 1990.

SPINETO N., "Spectacles et religion entre réglementation impériale et critiques chrétiennes : les *ludi*, une expression de l'identité romaine", *Être Romain. Hommages in memoriam Charles Marie Ternes*, Remshalden, 2007, p.517-532.

TEYSSIER E., "Aux sources des connaissances de la gladiature", *L'Archéologue* n°81, décembre 2005, p.10-15.

TEYSSIER E., "L'amphithéâtre de Nîmes et les combats de gladiateurs", *Histoire antique* n°32, 2007, p.30-35.

TEYSSIER E., *La mort en face. Le dossier gladiateurs*, Arles, 2009.

TEYSSIER E., "L'archéologie expérimentale de la gladiature, de nouvelles méthodes pour une nouvelle approche". *Des jeux du stade aux jeux du cirque*, Treignes, 2010, p.207-216.

TEYSSIER E., *Spartacus, entre le mythe et l'histoire*, 2012.

THUILLIER J.-P., "Les factions du cirque sur trois mosaïques de Madrid", *MEFRA* n°115, 2003, p.295-309.

TRINQUIER J., VENDRIES C., *et alii*, *Chasses antiques : pratiques et représentations dans le monde gréco-romain (IIIᵉ siècle av. IVᵉ siècle ap. J.-C.)*, Actes du colloque international de Rennes (Université Rennes II, 20-21 septembre 2007), Rennes, 2009.

TRINQUIER J., "Les prédateurs dans l'arène : gibier traqué ou combattants valeureux ?", BRUGAL J.-P., GARDEISEN A., ZUCKER A., (éd.), *Prédateurs dans tous leurs états. Évolution, Biodiversité, Interactions, Mythes, Symboles*, XXXIᵉ rencontres internationales d'archéologie et d'histoire d'Antibes, Antibes, 2011, p.485-501.

VAGALINSKI L., *Les concours et les jeux de gladiateurs en Thrace du Iᵉʳ au IVᵉ siècle ap. J.-C.*, thèse de doctorat de l'Institut d'archéologie de Sofia, 1989.

VASSILEIOU A., "Les éponges des rétiaires. Mythe et réalité", *Dialogues d'Histoire ancienne* n°2, année 1992, Volume 18, p.137-162.

VEYNE P., *Le pain et le cirque, sociologie historique d'un pluralisme politique*, Paris, 1976.

VEYNE P., "Païens et chrétiens devant la gladiature", *MEFRA* n°111/112, 1999, p.883-917.

VEYNE P., "Les gladiateurs ou la mort en spectacle", *L'Histoire* n°290, sept. 2004, p.77-83.

VEYNE P., "Les Gladiateurs", *L'Archéologue* n°81, déc. 2005, p.4-9.

VEYNE P., *L'Empire gréco-romain*, Paris, 2005.

VILLE G., "Les jeux de gladiateurs dans l'empire chrétien", *MEFRA* n°72, 1960, p.273-335.

VILLE G., "Essai de datation de la mosaïque des gladiateurs de Zliten", *La Mosaïque gréco-romaine*, Paris, 1965, p.147-154.

VILLE G., "Religion et politique : comment ont pris fin les combats de gladiateurs", *Annales* n°34-4, année 1979, p.651-671.

VILLE G., *La Gladiature en Occident, des origines à la mort de Domitien*, Rome, 1981.

VÖSSING K., "Les banquets dans le monde romain : alimentation et communication", *Dialogues d'Histoire ancienne* année 2012, supplément n°7, p.117-131.

WAHL J., *"Gladiatorenhelm, Beschläge vom Limes"*, *Germania* n°55, 1977, p.108-132.

WELCK K., *The roman amphitheatre from is origins to the Colosseum*, Cambridge, 2007.

WIEDEMANN T., *Kaiser und Gladiatoren. Die Macht der Spiele in antiken Rom*, Darmstadt, Wissenschaftliche Buchsgesellschaft, 2001.

ZANKER P., *"Die Barbaren, der Kaiser und die Arena. Bilder der Gewalt in der römischen Kunst"*, *Kulturen der Gewalt. Ritualisierung und Symbolisierung von Gewalt in der Geschichte*, Francfort-am-Main, 1998. ∎

SOMMAIRE

Ouvrage conçu et écrit par Kévin Alexandre Kazek
Coordination : Damien Bouet
Conception graphique, réalisation : Harald Mourreau

EDITIONS HEIMDAL

2 rue de la Cartoucherie 14400 Saint-Martin-des-Entrées
Tél. : 02 31 51 68 68 / Fax : 02 31 51 68 60
www.editions-heimdal.fr

Achevé d'imprimer sur les presses de l'Imprimerie Monterreina (Espagne) en mai 2019
pour le compte des Editions Heimdal à Damigny (Normandie, France).